중학교 3년의
영어를 한 권으로
끝내는 책

다시 영어를 시작하려는 당신에게
꼭 필요한 영문법 수업

중학교 3년의
영어를 한 권으로
끝내는 책

홍재영 지음

좋은날들

영어를 잘하고 싶은 이들에게
꼭 알려주고 싶은 것들

우리처럼 영어에 대한 열정이 높은 나라는 아마 없을 것입니다.

그만큼 입시나 업무, 학문, 해외여행 등등 영어는 우리 현실에 꼭 필요한 도구이지요. 당연히 어려서부터 영어에 대한 투자, 공부를 정말 많이 하지만, 웬걸요! 영어 원서 읽기나 외국인과의 소통은커녕 간단한 대화조차 입이 잘 안 떨어집니다.

가장 큰 이유로는 '문제풀이 영어' 중심으로 공부해온 영향이 큽니다. 게다가 시험은 변별력이 있어야 하니까 문제만 점점 어렵고 교묘해집니다. 결국 진짜 영어 실력에는 별 도움이 안 되고, 공부할 양은 많은데 재미는 없고, 단어를 많이 알아도 정작 영작과 회화는 안 되는 '밑 빠진 독에 물 붓는' 공부가 되는 거지요.

영어가 안 되면 중학교 문법부터 다시

십 년 가까이 공을 들였더라도 탑이 부실할 때는 그 가장 밑에서부터 바로잡아야 합니다. 지금 영어가 어렵거나 공부에 자신감이 없다면 중학교 수준의 영어부터 다시 정리하고 나서 다음 단계로 넘어가야 하는 것이지요.

그를 위해 이 책은 중학교에서 3년에 걸쳐 배우는 영문법의 핵심 개념과 활용법, 영어 공부 요령을 30일 과정, 한 권으로 정리했습니다.

문법은 '문장 표현이 이루어지는 기본 원리'이지요. 영어 회화든 영작이나 독해든 문법이 뒷받침되어야 하는 이유입니다. 달리 말해, 회화는 문법 원리에 맞게 만들어진 문장을 입 밖으로 꺼내는 것에 지나지 않는다고도 할 수 있습니다.

올바른 영어 문법 개념을 익히는 것도 중요합니다. 잘못된 문법이 영어 공부를 더욱 복잡하고 어렵게 하기 때문입니다. 문장의 5형식이나 영어의 12시제 같은 것들을 공식처럼 외우게 하는 경우가 대표적인데, 본문에는 그처럼 낡은 문법 이론에서 벗어나 문장의 원리 중심으로 쉽게 설명하고자 정성을 기울였습니다.

영어의 기초는 이 한 권으로 충분합니다

대학 졸업 후 영어 어학원에서 처음 강사로 일할 때였습니다. 초등학생, 중학생 대상의 학원이었는데, 수업 현장을 보고는 깜짝 놀랐습니다. 한창 재미있게 공부해도 모자를 나이에 분사가 어떻고 가정법이 어떻고 하며 무작정 외우는데, 제게는 마치 '문제풀이 영어'의 예비 과정처럼 보였습니다.

그때 '왜 저런 식으로 어렵게 영어를 가르치고, 배울까?'라고 생각했던 게 지금의 책으로 이어진 계기가 된 듯합니다.

중학교 3년의 영어는 평생 영어 실력의 뼈대와도 같습니다. 이후의 공부는 어휘력과 회화력을 더하고 다양한 표현에 익숙해지는 연습, 즉 중학교 수준의 영어에 살을 붙이고 윤기를 내는 과정입니다.

현재 중고등학교 학생이든 아니면 직장인이든, 본인의 영어 기초가 부족해 다시 영어를 공부해야겠다고 마음먹었다면 이 책에서부터 시작해 보기 바랍니다. 영어의 기초 문법은 이 한 권으로 충분하다고 감히 말씀드리겠습니다.

예전에는 그저 외우기에 바빴던 문법이 너무나 당연한 문장 원리라는 걸 깨달으며, 영어 공부에 대한 새로운 재미 그리고 "나도 영어를 잘할 수 있다!"라는 자신감을 가지게 될 것입니다. 꼭 그렇게 되기를 바랍니다!

홍재영

머리말 영어를 잘하고 싶은 이들에게 꼭 알려주고 싶은 것들

Part 1 영어 문법의 기초

Part 2 영어 문장의 원리와 확장

영어 공부는 읽기와 쓰기, 말하기와 듣기로 나뉘는데,
이 모두의 기본이 되는 게 문법이에요.
하지만, 문법을 너무 어렵게 생각할 필요는 없어요.
문법은 문장 표현이 이루어지는 기본 원리이니까,
암기보다는 그 원리를 이해하는 게 중요해요!

Part 1

영어 문법의
기초

영어 문장의 기본 구조

I dreamed **a sweet** dream **last night.** 나는 어젯밤에 달콤한 꿈을 꾸었다

영어는 단어의 자리, 즉 어순이 중요한 언어입니다.

우리말은 말 순서를 이리저리 바꿔도 그렇게 이상할 게 없습니다. '나는 그를 사랑한다'를 '그를 나는 사랑한다', '그를 사랑한다, 나는'처럼 써도 뜻이 통하지요. 하지만 영어는 I love him을 Him I love처럼 써서는 말 자체가 안 됩니다.

이는 조사 때문입니다. 한국어는 목적격 조사 '을/를'이 붙어 있는 한 문장의 어느 자리에 오더라도 목적어 역할을 하지만, 조사가 없는 영어는 주어 자리에 오면 주어, 목적어 자리에 오면 목적어가 되는 것입니다. 같은 단어가 자리에 따라 문장 성분이 달라지거나, 뜻이 달라지기도 합니다.

    A. I am drinking **water**.   나는 물을 마시고 있다. ← **목적어**(명사)
    B. He **watered** his garden yesterday.   그는 어제 정원에 물을 줬다. ← **서술어**(동사)

A 문장에서는 water가 동사 뒤 목적어 자리에 놓여 명사로 쓰였고, B에서는 서술어 자리에서 '물을 주다'라는 동사로 쓰였습니다.

unit 1. 영어 문장은 주어와 동사로 시작한다

주어 다음에 동사(서술어)가 오고 그 동사에 따라 보어나 목적어, 수식어 같은 것들이 뒤따

라오는 게 영어 문장의 기본적인 형태입니다. 문장을 주어와 동사로 시작한다는 것, 이는 영문법의 온갖 규칙들 중에 가장 기본이 되는 원칙이자 영어식 사고의 대표 주자라고 할 수 있습니다.

I bought these books here yesterday.　　← **주어와 동사로 시작한다.**

나는 어제 여기서 이 책들을 **샀다.**　　　　← **동사가 문장 끝에 온다.**

우리말은 동사가 문장 끝에 와서 '끝까지 들어봐야' 무슨 말인지 아는 데 비해 영어는 핵심이 되는 말(주어와 동사)이 앞으로 나옵니다. 그 뒤를 보어나 목적어, 수식어가 오는데, 이들 자리에는 명사, 형용사, 부사 등이 단독으로 오거나 여러 단어가 모여 구와 절 형태가 되기도 합니다.

A. He became **a good doctor.**　　그는 좋은 의사가 되었다.

　　주어 + 서술어 + 보어

B. She draws **pictures well.**　　그녀는 그림을 잘 그린다.

　　주어 + 서술어 + 목적어 + 수식어

C. I think **that he likes her.**　　나는 그가 그녀를 좋아한다고 생각해.

　　주어 + 서술어 + 목적어 (that 절)

A에서는 a good doctor가 보어 역할을, B에서는 pictures가 목적어, 부사 well이 동사를 수식하는 역할을 합니다. 한편으로 C 문장은 that he likes her가 하나의 덩어리로 목적어 자리에 왔습니다.

이처럼 문장의 각 자리에 어떤 말들이 와서 영어 표현을 이루는지를 우리는 30개의 문법 lesson을 통해 하나하나 살펴볼 것입니다. 그 첫머리(lesson 02~04)에서는 자동사와 타동사, 연결동사 같은 동사들을 먼저 소개할 텐데, 동사의 성격을 이해해야 영어 문장의 구조가 제대로 보이기 때문입니다.

unit 2. 영어는 핵심 대상을 중심으로 말한다

우리말은 배경을 먼저 말하고 결론이 끝에 오는 반면에 영어는 핵심 대상을 중심으로 말하는 특징이 있습니다. 쉽게 말해 이런 식입니다.

이 반에서 제일 싸움 잘하는 사람이 **누구야?**　　**← 배경 설명 중심**

Who is the strongest guy in this class?　　**← 핵심 대상 중심**

우리말은 '이 반에서', '제일 싸움 잘하는' 같은 배경을 먼저 말합니다. 하지만 영어는 핵심 대상인 '누구'에 초점을 맞춰 말을 시작합니다. 바로 이 부분이 우리가 영어, 특히 회화에 익숙해지기 어려운 이유 중 하나입니다.

영어는 핵심어를 먼저 말하고, 그 의미를 채워 주는 설명이 앞의 말과 어울리며 하나의 문장이 만들어집니다.

A. **I know** that Tom loves Jane.　**← 핵심어는 I know**

　나는 톰이 제인을 사랑한다는 걸 알아.

B. **I am afraid** to forget her face.　**← 핵심어는 I am afraid**

　나는 그녀의 얼굴을 잊는 게 두려워.

C. **The perfume** of flowers filled the room.　**← 핵심어는 The perfume**

　꽃의 향기가 방을 가득 채웠다.

A 문장은 I know라는 핵심어가 먼저 나오고, that Tom loves Jane이라는 설명이 그 의미를 채워 줍니다. B 문장은 I am afraid를 핵심으로 to forget her face라는 설명을 덧붙였습니다. 마찬가지로 C에서는 핵심어 The perfume의 의미를 of flowers 가 뒤에서 채우는 역할을 합니다.

그리고 보면 한국어와는 말 순서가 앞뒤로 뒤바뀌는 구조이지요. 한국어가 문장의 오른

쪽 끝에 있는 핵심어로 다가가는 언어라면, 영어는 왼쪽에서 핵심을 먼저 말하고 그에 필요한 설명을 오른쪽으로 하나씩 펼쳐 놓습니다.

한국어 : 나는 수지가 → 자신이 차였음을 안다는 걸 → 모른 체했다
영　어 : 나는 모른 체했다 → 수지가 안다는 걸 → 자신이 차였음을

unit 3. 품사와 문장 성분은 어떻게 다를까?

학창 시절에 영어의 8 품사를 접한 이래에 곧잘 헷갈리는 것들 중 하나가 품사와 문장 성분의 차이입니다. 단어를 의미나 기능에 따라 분류한 게 품사이고, 그 단어가 문장 속에서 하는 역할이 문장 성분이지요.

예를 들어 love는 동사와 명사라는 품사로 분류되며 아래 문장에서는 주어, 서술어, 목적어라는 문장 성분으로 쓰였습니다.

Love	**Love** is gone.	← 주어로 쓰임
명사(n.), **동사**(v.)	사랑이 떠나갔다.	
	I **love** him.	← 서술어로 쓰임
	나는 그를 사랑한다.	
	I believe in **love**.	← 목적어로 쓰임
	나는 사랑을 믿어.	

8 품사에는 명사, 대명사, 동사, 형용사, 부사, 전치사, 접속사, 감탄사가 있습니다. 이것들은 대개 주어, 서술어, 목적어, 보어, 수식어 중 하나로 쓰입니다.

그러면 단어 암기 때 일일이 품사를 외워야 할까요? 그럴 필요까지는 없습니다.

단어가 실제 문장에서 어떤 역할(성분)로 쓰이는지를 이해하면 해당 품사는 저절로 따라

오기 때문입니다.

A. I dreamed a sweet dream last night.   나는 어젯밤에 달콤한 꿈을 꾸었다.

B. They lived a happy life forever.   그들은 오랫동안 행복한 삶을 살았다.

dream, live가 서술어 자리에 쓰였으면 동사가 되는 것이고, 목적어 자리에서 '(달콤한) 꿈', '(행복한) 삶'이라는 의미로 쓰였으면 당연히 명사가 되는 것이지요. 명사를 수식하는 자리에 놓인 sweet, happy는 품사가 형용사이고, 동사를 수식하는 last night, forever는 부사가 되는 거고요.

정리하자면, 주어와 동사로 문장이 시작하고 그 뒤를 보어, 목적어, 수식어 같은 문장 성분이 따라오는 모양새는 아래처럼 이해할 수 있습니다. 자동사, 연결동사, 수여동사 같은 용어는 품사가 아니라 동사의 성격에 따른 구분입니다.

주어	서술어 (동사)	뒤따라오는 것들
명사	자동사, 타동사	보어
대명사	연결동사, 수여동사	목적어
	복합 타동사	수식어

● 구와 절의 차이

그런데, 문장 성분이 꼭 한 단어로 이루어지는 것은 아닙니다. 구나 절처럼 여러 단어가 모여 하나의 성분을 만들기도 하지요. 이때 단어 덩어리가 문장의 모양새를 갖췄으면 절, 그렇지 않으면 구입니다.

A. I know that Tom loves Jane. ←that 절

B. I am afraid to forget her face. ←to 절

C. The perfume _of flowers_ filled the room. ← **전치사구**

A의 밑줄 부분은 that이 Tom loves Jane이라는 '문장'을 이끄는 절입니다. 그에 비해 B에서 to가 이끄는 forget her face는 문장 모양을 갖추지 못했지만, 현대 영문법에서는 절로 취급합니다.(to 부정사절, to 절) 그리고 C의 of flowers는 구입니다. of를 뺀 flowers는 단순히 명사일 뿐 문장 모양새가 아니니까요.

◆　　◆　　◆

외국어 공부에서 기초 문법은 자전거 타기와도 같습니다. 당장은 어렵게 느껴져도 한번 제대로 알아 두면 이후로는 거의 넘어지는 일이 없지요.
그러면 이제 30일간의 영문법 공부를 본격적으로 시작해 보겠습니다. 첫 수업은 '문장의 5형식'을 넘어 영어 동사 제대로 이해하기입니다.

자동사와 타동사 – 5형식 바로잡기 1

We attended **the meeting.**   우리는 회의에 참석했다

영어 문법책을 펼치면 대개가 문장의 5형식 설명부터 시작하지만, 현대 영문법에 5형식 이란 개념은 없습니다. 이는 영국의 문법학자 C. T. Onions가 100년 전쯤에 만든 이론으로 일본에서 대접받다가 우리나라로 넘어왔습니다. 한국과 일본, 대만에서만 여태 문장의 공식처럼 남아 있고요.

5형식이 문제가 되는 것은 그게 영어 문법의 올바른 이해가 아니기 때문입니다. 1형식과 3형식에서 소개하는 자동사와 타동사에 대해 먼저 알아보겠습니다.

1형식 : 주어 + 자동사   The sun rises.   해가 뜬다.

3형식 : 주어 + 타동사 + 목적어   He broke the window.   그가 창문을 깼다.

이 두 형식의 차이는 자동사와 타동사에 있습니다. 1형식에는 목적어를 필요로 하지 않는 자동사가 오고, 3형식에는 목적어를 필요로 하는 타동사가 온다고 설명합니다.

하지만 목적어가 필요한지에 따라 자동사와 타동사로 나누는 것은 매우 제한적인 구분입니다. 똑같은 동사가 문장에 따라 자동사로도, 타동사로도 쓰이기 때문입니다.

아래 문장에서 동사 clean(깨끗하게 하다)은 목적어를 필요로 하는 타동사일까요, 목적어를 필요로 하지 않는 자동사일까요?

A. Did you clean your pants?   네 바지를 **빨았어**?

B. Did you clean yesterday?   어제 **청소했어**?

A 문장은 your pants라는 목적어가 와서 clean이 '~를 '빨다'라는 뜻의 타동사로 쓰였습니다. 한편으로 B 문장에는 동사 뒤에 딱히 목적어가 오지 않습니다. 따라서 clean은 '청소하다'라는 뜻의 자동사로 이해하는 게 자연스럽습니다.

즉, 동사 clean이 자동사인지 타동사인지는 처음부터 정해진 게 아니라 그때그때의 문장이 결정합니다.

이를 예전 문법 설명을 따르자면 A 문장은 목적어가 왔으니까 3형식, B 문장은 목적어가 없으니까 1형식이 됩니다. 그렇다면 clean은 1형식 동사도 되고 3형식 동사도 된다고 외워야 할까요? 문장 형식에 따라 동사를 나누는 것은 의미가 없습니다. 대다수 동사들은 clean처럼 자동사와 타동사를 넘나들며 쓰이니까요.

모든 동사가 처음부터 자동사, 타동사로 정해져 있는 게 아니에요. 따라서 자동사나 타동사로만 쓰이는 동사들을 따로 공부하고, 나머지 동사들은 자동사, 타동사로 자유롭게 쓰인다는 점을 기억해요!

unit 1. 자동사, 타동사로만 쓰이는 동사

ache(아프다), appear(나타나다) 같은 동사는 뒤에 '을/를'이 붙는 목적어가 오지 않습니다. 이 동사들은 주어와 호응해 '머리가 아프다', '늑대가 나타났다'라는 식으로 표현되지요. 다시 말해, 목적어가 뒤따르지 않는 자동사로만 쓰입니다.

My head aches.　　　내 머리가 아프다.

A wolf appeared.　　늑대가 나타났다.

이처럼 자동사는 그 자체로 완전한 의미를 가지지만, 아래와 같이 부사 덩어리를 붙여 문장 표현을 더욱 풍성하게 할 수 있습니다.

My head aches **so bad**.	내 머리가 몹시 아프다.
A wolf appeared **suddenly**.	늑대가 갑자기 나타났다.

이 밖에 흔히 쓰이는 자동사로는 cry, die, happen, matter 등이 있습니다.

The baby cries so loudly.	그 아기는 너무 시끄럽게 운다.
The patient died yesterday.	그 환자는 어제 죽었다.
Something terrible happened.	끔찍한 일이 일어났다.
It matters a lot to me!	그건 내게 정말 중요해!

앞의 자동사와 달리 reject(거절하다), accomplish(완수하다) 같은 동사는 주어와 호응하며 뒤에 목적어가 따라와야 자연스럽습니다. 즉, 타동사입니다. '~가 ~를 거절하다'처럼 표현되는 식이지요.
아래 동사들은 기본적으로 타동사로만 쓰입니다.

He rejected my offer.	그는 나의 제안을 거절했다.
I accomplished all the tasks.	나는 모든 업무를 완수했다.
The shoes absorb shock.	이 신발은 충격을 흡수한다.
We stopped and admired the view.	우리는 멈춰서 풍경을 감상했다.

unit 2. 자동사로 착각하기 쉬운 타동사

타동사인데, 자동사로 착각하기 쉬운 동사들이 있습니다. 우리말로 옮길 때 목적어에

'을/를'이 아니라 '~와, ~에' 같은 토씨가 붙기 때문입니다. marry(결혼하다), attend(참석하다) 등의 경우가 그렇습니다.

이들 동사를 우리말 어법 그대로 영어로 옮기면 아래처럼 목적어 앞에 전치사를 넣는 실수를 하기 쉽습니다.

My little brother **married** her. (O) 내 남동생은 그녀와 결혼했다.

My little brother married **with** her. (X)

We **attended** the meeting. (O) 우리는 회의에 참석했다.

We attended **at** the meeting. (X)

우리말에서는 '~와' 결혼하고 '~에' 참석한다는 뜻이 되므로 그에 해당하는 전치사 with나 at을 붙여야 한다고 생각하기 쉬운 거지요. 착각하기 쉬운 만큼 문법 시험에도 곧잘 나오고요. 마찬가지로 아래 동사들은 전치사 없이 대상이 되는 말, 즉 목적어가 서술어 바로 뒤에 붙습니다. 모두 타동사입니다.

I **entered** my room. 나는 내 방에 들어갔다.

A stranger **approached** me. 한 낯선 사람이 내게 다가왔다.

My father **resembles** a famous actor. 내 아버지는 유명한 배우를 닮았다.

She **called** me last night. 그녀는 어젯밤에 내게 전화했다.

Answer the phone. 전화 받아.

Our team **reached** the destination. 우리 팀은 목적지에 도달했다.

Do you want to **join** us? 우리와 함께할래?

Let's **discuss** a surprise party for her. 그녀를 위한 깜짝 파티를 의논해 보자.

unit 3. 자동사와 타동사 전환이 자유로운 동사

앞에서는 자동사, 타동사로만 쓰이는 동사들에 대해 살펴보았습니다. 이것들은 전체 동사에서 차지하는 비율이 높지 않습니다. 나머지 대다수의 동사는 자동사와 타동사를 오가며 자유롭게 쓰일 수 있습니다.

자동사로 쓰일 때는, 동사의 의미로 목적어를 유추할 수 있거나 문맥상 목적어를 생략하는 경우입니다. 어떤 차이가 있는지 보겠습니다.

● 동사의 의미로 목적어를 유추할 수 있을 때

A. I borrow books from the library. ← **타동사로 쓰임**

나는 도서관에서 책을 빌린다.

B. We have to borrow from the bank. ← **자동사로 쓰임**

우리는 은행에서 (돈을) 빌려야 한다.

A 문장에서 borrow는 뒤에 books라는 목적어가 왔습니다. borrow가 타동사로 쓰인 거지요. 반면에 B 문장은 borrow 뒤에 목적어가 오지 않습니다. 하지만 from the bank라는 부사 덩어리가 있어서 목적어를 언급하지 않더라도 돈 따위를 빌린다는 사실을 알 수 있습니다.

change(변하다, 바꾸다) 같은 경우도 마찬가지입니다.

She changed a lot. ← **자동사로 쓰임**

그녀는 많이 변했다.

The witch changed him into a frog. ← **타동사로 쓰임**

그 마녀가 그를 개구리로 바꿨다.

● 문맥상 목적어를 생략할 때

일상적인 대화에서는 한 번 나온 말을 구태여 되풀이하지 않지요? 말하지 않아도 무엇 (목적어)을 가리키는지가 뻔히 드러나기 때문입니다. 이처럼 문장에서 목적어 역할을 하는 성분이 생략될 때는 자동사로 쓰였다고 할 수 있습니다.

A : Do you **know** that guy?　　너는 저 사람 알아? ← **타동사**

B : No, I don't **know** (that guy).　아니, 나는 (저 사람) 몰라. ← **자동사**

She explained the theory, but I didn't **understand** (the theory). ← **자동사**
그녀는 그 이론을 설명했다. 하지만 나는 (그 이론을) 이해하지 못했다.

 모양이 비슷해 헷갈리기 쉬운 자동사와 타동사가 있습니다. rise(올라오다)와 raise(들어 올리다), lie(거짓말하다, 눕다)와 lay(눕히다) 등이 그렇습니다.

Smoke rose from the chimney.　연기가 굴뚝에서 올라왔다. ← 자동사

I raised the gun and fired.　나는 총을 들고 쐈다. ← 타동사

He lied about his age.　거짓말하다 : lie-lied-lied ← 자동사
그는 나이에 대해 거짓말했다.

She lay on her stomach.　눕다 : lie-lay-lain ← 자동사
그녀는 배를 대고 엎드렸다.

She laid her child on the bed.　눕히다 : lay-laid-laid ← 타동사
그녀는 자신의 아이를 침대에 눕혔다.

연결동사와 수여동사 – 5형식 바로잡기 2

My cold got better. 감기가 좋아졌다

문장의 5형식에서 설명하는 2형식은 불완전 자동사 뒤에 보어가 옵니다. 1형식처럼 뒤에 목적어가 오지 않는 자동사이지만, 동사의 본래 의미만으로는 문장의 뜻이 온전해지지 않기 때문에 '불완전' 자동사라고 부릅니다.

2형식 : 주어 + 불완전 자동사 + 보어

She **is** a history teacher. 그녀는 역사 선생님이다.

They **became** good friends. 그들은 좋은 친구가 되었다.

그런데, 불완전 자동사라는 명칭은 앞뒤가 맞지 않습니다. 앞에서 ache(아프다), appear(나타나다) 같은 자동사는 주어에만 호응할 뿐 그 자체로 완전한 의미를 가진다고 했지요? 따라서 '불완전 자동사'라는 개념은 '완전하지만 완전하지 않은 동사'라고 하는 것과 다를 바 없습니다.

현대 영문법에서는 이 같은 동사를 불완전 자동사가 아니라 '연결동사linking verb'라는 개념으로 설명합니다. 자동사 중에 본래 의미만으로는 뜻을 제대로 전달할 수 없는 동사가 있는데, 이들 be 동사나 become, turn처럼 주어와 뒤에 오는 말을 이어 주는 역할을 하는 게 연결동사입니다.

A. The skater **turns** fast. 이 스케이트 선수는 빨리 돈다. ← **자동사로 쓰임**

B. Leaves **turn** red in fall. 잎은 가을에 붉게 변한다. ← **연결동사**

A와 B 문장에 쓰인 동사는 똑같이 turn입니다.

A 문장의 turn은 자동사로 쓰여 '돈다'라는 원래 의미를 그대로 지닙니다. 그에 비해 B 문장에서 turn의 의미는 '돈다'가 아닙니다. 문맥상 '변한다'로 해석하는 게 자연스럽습니다. 그러면 당연히 우리는 생각하게 됩니다. '어떻게' 변하는가?

연결동사는 이 '어떻게'에 해당하는 내용을 주어와 이어 줍니다. 즉, B 문장의 turn은 주어인 leaves와 주어가 변한 결과를 나타내는 형용사 red를 '연결해' 줍니다.

연결동사의 종류는 크게 상태 유지를 나타내는 동사, 상태 변화를 나타내는 동사, 감각동사로 나눌 수 있습니다.

자동사 중에 주어를 뒤에 오는 말과 이어 주는 역할을 하는 게 연결동사예요. be 동사, become, keep, remain 같은 연결동사 다음에는 형용사, ·명사 그리고 전치사 덩어리가 올 수 있어요.

unit 1. 상태 유지를 나타내는 연결동사

be 동사, remain, stay, keep, hold 등

연결동사의 첫 번째 특징은 주어의 상태가 어떤지, 또는 어떤 상태를 유지하고 있는지를 보여 준다는 점입니다. 대표적으로는 be 동사가 있습니다.

   A. She **is** a doctor.   그녀는 의사다. **← 주어와 명사를 연결**

   B. I **am** afraid of the dark.   나는 어둠이 무섭다. **← 주어와 형용사를 연결**

A 문장에서 be 동사 is는 주어인 she와 주어의 상태를 나타내는 명사 a doctor를 연결하고 있습니다. '그녀는 현재 의사인 상태다'라는 뜻이지요. B 문장은 am이 I와 주어의 상태를 나타내는 형용사 afraid를 연결합니다.

이 밖에도 주어의 상태, 혹은 그 상태가 유지되고 있음을 나타내는 연결동사는 remain, stay, hold, keep 등이 있습니다.

remain : **이전과 같은 상태로 남아 있다.**

He remained quiet.   그는 조용히 있었다. (이전부터 계속)

He remains with the team.   그는 그 팀에 남아 있다.

stay : **움직이지 않거나 하던 것을 계속하다.**

He stays late at work every Monday.   그는 월요일마다 회사에 늦게 남아 있다.

Stay with me.   내 곁에 계속 있어 줘.

keep : **어떤 변화 없이 상태가 지속되다.**

Keep still while I brush your hair.   네 머리를 빗기는 동안 가만히 있어.

Keep talking.   계속 이야기해.

unit 2. 상태 변화를 나타내는 연결동사

get, turn, become, go, grow, make 등

연결동사의 두 번째 특징은 주어의 상태 변화를 보여 준다는 점입니다. 상태 변화를 나타내는 대표적인 연결동사로는 get이 있는데, 이 동사는 주어가 어떤 상태로 되었거나 막되기 시작하고 있음을 나타냅니다.

My cold *got* better(worse).   감기가 좋아졌다(나빠졌다).

They *got* married last year.   그들은 작년에 결혼했다.

이 밖에도 자주 쓰이는 상태 변화 연결동사로는 become, turn, go, grow, make 등이 있습니다.

become : 어떤 상태로 되다.

He became a father a month ago.　　　그는 한 달 전에 아빠가 되었다.

People became angry about the delay.　사람들은 지연된 것에 화가 났다.

turn : (어떠한 상태로 뚜렷하게) 변하다.

The weather turned cold.　　날씨가 추워졌다.

She turned pale.　　그녀는 얼굴이 창백해졌다.

go : (좋지 않은 상태로) 바뀌다.

His father went blind.　　그의 아버지는 눈이 멀게 되었다.

He goes crazy.　　그는 미쳐 간다.

grow : (상태가 점차적으로) 달라지다.

They grow old together.　　그들은 함께 늙어 간다.

We grew bored with time.　　우리는 시간이 지나면서 점점 지루해졌다.

make : 어떤 상태로 되다. (become과 비슷한 뜻)

He will make a good doctor.　　그는 좋은 의사가 될 거야.

This novel is going to make a film.　　이 소설은 영화로 만들어질 예정이다.

TIPS go blind(눈이 멀다)처럼 '연결동사 + 형용사' 형태의 관용적 표현은 숙어처럼 외우는 게 좋습니다. come true(실현되다), grow old(늙어가다), turn pale(창백해지다)

unit 3. 연결동사로 쓰이는 감각 동사

look, smell, taste, sound, feel 등

세 번째 연결동사는 감각 동사입니다. 감각 동사는 오감을 통해 보고, 듣고, 냄새를 맡는 따위의 뜻을 가진 동사를 말합니다. 이들 동사는 두 가지로 활용되는데, '감각 동사 + 형용사'(아래의 A)와 '감각 동사 + like 명사 덩어리'(아래의 B) 형태입니다.

A. You **look tired** every morning.   너는 아침마다 피곤해 보여.

B. You just **look like** your father.   너는 네 아빠를 꼭 닮았어.

A 문장에서는 감각 동사 다음에 형용사가 바로 나옵니다. 한편으로 B 문장에서는 look 다음에 like라는 전치사가 명사 덩어리와 함께 왔습니다. 모두 주어가 어떤 상태로 보이는지를 감각 동사가 '연결해' 줍니다.

smell : 냄새의 특징을 표현할 때

A. This steak smells really good.   이 스테이크는 냄새가 아주 좋아.

B. This soap smells like a rose.   이 비누는 장미 냄새가 나.

taste : 맛의 특징을 표현할 때

A. This milk tastes too sweet.   이 우유는 맛이 너무 달아.

B. It tastes like an apple.   그것은 사과 맛이 나.

sound : 소리의 상태를 표현할 때

A. Your idea sounds really good!   네 생각은 정말 좋아 보여!

B. You sound just like your father.   너는 네 아버지 목소리와 꼭 닮았어.

look : 외양의 상태를 표현할 때

A. His suit looks really cool!   그의 슈트는 정말 멋있어 보여!

B. You look so much like your uncle.   너는 네 삼촌을 많이 닮았구나.

feel : 감각이나 기분을 표현할 때

A. I don't feel good.   나는 기분이 좋지 않아.

B. I felt like a stranger in here.   나는 여기서 낯선 사람처럼 느껴졌다.

unit 4. 수여동사는 목적어가 2개 따라온다

문장의 5형식에서 설명하는 4형식은 동사 뒤에 목적어가 2개 따라오는 구조입니다. 간접목적어와 직접목적어이지요. 이러한 문장을 우리말로 옮기면 '~에게 ~를 어떻게 하다'라는 형태가 됩니다.

4형식 : 주어 + 동사 + 간접목적어 + 직접목적어

이 같은 형식에 쓰이는 동사를 '수여동사'라고 부릅니다. 수여동사는 '이중 타동사'라는 별칭이 있듯이 뒤에 2개의 목적어가 따라옵니다. 어떤 행위를 받는 사람과 행위의 대상이 되는 사물이 각각 필요한 것이지요. 즉, 아래처럼 동사 tell 뒤에 us와 a funny story가 차례로 등장합니다.

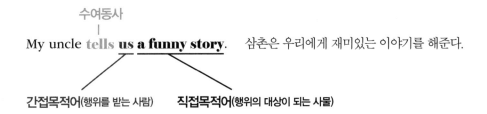

수여동사

My uncle **tells us a funny story**.   삼촌은 우리에게 재미있는 이야기를 해준다.

간접목적어(행위를 받는 사람)   직접목적어(행위의 대상이 되는 사물)

이처럼 수여동사는 타동사 중에 어떤 대상에게 뭔가를 전달하는 의미를 가진 동사를 말합니다. '상장을 수여하다'라고 할 때의 그 수여인데, give나 buy, teach 같은 동사가 여기에 해당합니다.

● 수여동사의 목적어 자리 바꾸기

수여동사가 있는 문장은 목적어 2개의 순서를 앞뒤로 바꿀 수 있습니다.

다만, 이때 간접목적어 앞에는 전치사가 붙습니다. 전치사는 동사의 성격에 따라 달라집니다. 단순히 전달 목적인 경우에는 to를, 새롭게 만들거나 해서 상대에게 이로움을 주는 경우에는 for를 사용합니다.

〈전달 목적일 때는 전치사 to〉

My uncle tells us a funny story.

→ My uncle tells a funny story **to us**.

〈이로움을 줄 때는 전치사 for〉

She cooks me an omelet every Sunday.

그녀는 일요일마다 내게 오믈렛을 요리해 준다.

→ She cooks an omelet **for me** every Sunday.

동사 뒤에 직접목적어가 바로 오면 '주어 + 동사 + 목적어' 형태가 되지요? 4형식 문장이 3형식이 되는 것입니다. 시험에 형식 전환 문제를 내는 경우가 간혹 있어서 참고로 말씀드립니다.

He teaches us English. [4형식]

→ He teaches English to us. [3형식]

● 전달이 목적인 수여동사 + 전치사 to

give, offer, send, show, teach 등

전달 목적을 나타내는 수여동사에는 give, offer, send, show, teach, owe 등이 있습니다. 이들 동사 뒤에 직접목적어가 바로 오는 형태에서는 행위를 받는 사람 앞에 전치사 to를 사용합니다.

I gave him some money.　　　나는 그에게 약간의 돈을 주었다.

→ I gave some money to him.

She lent me her bike.　　　그녀는 내게 자신의 자전거를 빌려주었다.

→ She lent her bike to me.

Show me your ticket.　　　당신의 티켓을 내게 보여 주세요.

→ Show your ticket to me.

I owe her 1,000 dollars.　　　나는 그녀에게 1,000달러를 빚졌다.

→ I owe 1,000 dollars to her.

● 혜택, 이로움 목적인 수여동사 + 전치사 for

buy, make, find, choose 등

혜택, 이로움 목적을 나타내는 수여동사에는 buy, make, cook, find, choose 등이 있습니다. 이들 동사 뒤에 직접목적어가 바로 올 때는 전치사 for를 사용합니다.

She bought me a jacket.　　　그녀는 내게 재킷을 사주었다.

→ She bought a jacket for me.

She made me a paper rose.　　　그녀는 내게 종이장미를 만들어 주었다.

→ She made a paper rose for me.

We have to find him a decent job.   우리는 그에게 괜찮은 직업을 찾아 줘야 한다.

→ We have to find a decent job for him.

He chose us a good wine.

→ He chose a good wine for us.   그는 우리에게 좋은 와인을 골라 주었다.

● 수여동사 ask에는 전치사 of가 온다

ask 다음에 직접목적어가 바로 올 때는 다른 수여동사와 달리 전치사 of를 사용한다는
점에 주의하기 바랍니다.

She asked me a question.   그녀는 내게 질문을 하나 했다.

→ She asked a question of me.

Can I ask you a favor?   부탁 하나 해도 될까요?

→ Can I ask a favor of you?

복합 타동사 – 5형식 바로잡기 3

She makes **me happy.** 그녀는 나를 행복하게 한다

앞에서 우리는 목적어를 하나만 받는 타동사, 그리고 목적어 2개(간접목적어와 직접목적어)를 이끄는 수여동사에 대해 알아보았습니다.

이번 lesson에서 배우는 타동사는 2개의 대상이 따라오고, 이 둘은 서로 관계를 맺고 있는 경우입니다. 일반적인 타동사와 비교한 예부터 보겠습니다.

A. He **gets** 1,000 dollars a month. 그는 한 달에 1,000달러를 번다.

B. **Get** him a drink. 그에게 마실 걸 줘.

C. I **get** everything ready all the time. 나는 항상 모든 걸 준비되게끔 한다.

A 문장의 동사 get은 1,000달러라는 하나의 목적어가 오는 **타동사**입니다.

B 문장의 동사 get은 2개의 목적어, 즉 간접목적어 him과 직접목적어 a drink가 오는 **수여동사**입니다.

그에 비해 C 문장의 동사 get은 목적어 everything과 목적어의 상태를 나타내는 형용사 ready가 옵니다. 이때의 동사 get이 **복합 타동사**입니다.

C 문장에서 동사 get 뒤에 오는 everything과 ready는 서로 연관되어 있습니다. 의미상 Everything is ready처럼 하나의 문장으로 풀어 쓸 수 있지요. 이렇듯 두 대상이 어떤 관계를 갖게 하는 타동사를 복합 타동사라고 합니다.

예전 문법에서는 이러한 문장 형식을 5형식으로 설명합니다. 동사 뒤에 목적어와 목적

보어가 따라오는 구조이지요.

5형식 : 주어 + 동사 + 목적어 + 목적 보어

하지만, 앞 페이지의 예문을 5형식의 틀 내에서 이해하려면 혼란이 생깁니다.

목적어가 하나만 오는 A 문장은 3형식, 간접 · 직접목적어가 오는 B 문장은 4형식, 목적어와 목적 보어가 따라오는 C 문장은 5형식이 되고 마는 것입니다. 그러면 도대체 get은 몇 형식 동사인 걸까요?

수많은 동사들을 겨우 5가지 형식으로 나누어 공식처럼 외우는 문법 공부가 동사 쓰임새에 대한 올바른 이해를 가로막습니다. 1~5형식에 따라 동사의 성격을 미리 정할 게 아니라, 문장 내에서 그 동사가 어떻게 쓰이는지를 파악해야 합니다.

복합 타동사는 크게 3가지 종류로 나눌 수 있는데, 하나씩 보겠습니다.

영어의 동사는 크게 자동사와 타동사, 연결동사, 수여동사, 복합 타동사로 나눌 수 있어요. be 동사는 자동사에 속하고요. 이들 동사가 문장 내에서 어떻게 쓰이는지를 보고 그 역할과 성격을 이해하도록 해요.

unit 1. 생각, 판단, 인식을 나타내는 복합 타동사

find, think, believe, consider, judge 등

목적어로 오는 대상을 어떠하다고 여기는 경우(생각, 판단, 인식)에 복합 타동사가 쓰이는데, 대표적인 동사로는 find가 있습니다.

I find her a bright student.　　나는 그녀를 똑똑한 학생이라고 생각한다.

find 뒤에 오는 목적어 her를 명사 덩어리 a bright student가 설명해 주는 구조입니다.(She is a bright student) 즉, 이 둘은 의미상 하나의 문장 관계를 갖습니다.

이 밖에 생각, 판단, 인식을 나타내는 복합 타동사로는 think, believe, consider, judge, suppose 등이 있습니다.

I don't think the rule fair.	나는 이 규칙이 공정하다고 생각하지 않는다.
I believe that guy dead.	난 저 사람이 죽었다고 생각해.
I consider myself lucky.	나는 내가 운이 좋다고 생각해.
We judged her a great teacher.	우리는 그녀를 뛰어난 선생님이라고 판단했다.
We all supposed her Japanese.	우리 모두는 그녀가 일본인이라고 생각했다.

unit 2. '~라고 말하다, ~로 뽑다' 류 복합 타동사

call, name, report, declare / elect, appoint 등

먼저 '~를 ~라고 말하다' 같은 표현에서 복합 타동사로 쓰이는 경우입니다. call이 대표적이고 그 밖에 name, report, declare 등이 있습니다.

I called him a fool.	나는 그를 바보라 불렀다.
He named the ship Titan.	그는 이 배를 타이탄이라 이름 붙였다.
The news reported him missing.	뉴스는 그가 실종되었다고 보도했다.
The judge declared him guilty.	판사는 그를 유죄라고 선언했다.

* guilty : 유죄의, 죄책감을 느끼는

이들 문장 역시 타동사 다음에 오는 두 대상이 의미적으로 문장 관계를 갖습니다. 즉, 첫 번째 문장에서 him과 a fool은 He is a fool이라는 관계를 가지는 것이지요.

비슷한 유형으로 '~를 ~로 뽑다'라고 해석되는 동사 역시 복합 타동사입니다. 대표적인 동사로는 elect가 있고 appoint, vote도 여기에 해당합니다.

We elected him chairman.   우리는 그를 회장으로 선출했다.

They appointed Mr. Hong their manager.   그들은 Mr. 홍을 매니저로 임명했다.

Most people voted her the best actress.

대다수 사람들이 그녀를 최고의 여배우라고 투표했다.

unit 3. 상태 변화, 상태 유지를 나타내는 복합 타동사

make, get / keep, leave 등

이번에는 '~를 ~한 상태로 바꾸다' 같은 표현에서 복합 타동사로 쓰이는 경우입니다. make와 get이 대표적인 동사입니다.

She makes me happy.   그녀는 나를 행복하게 한다.

Get everything ready!   모든 걸 준비시켜!

복합 타동사 뒤에 오는 말들이 의미상 문장 관계를 가지는 것은 앞의 경우와 같습니다. 다시 말해 I am happy, Everything is ready라는 관계를 복합 타동사가 이끈다고 할 수 있습니다.

비슷한 쓰임새로 '~를 ~한 상태로 유지하다' 같은 표현에도 복합 타동사가 쓰입니다. 대표적으로는 keep과 leave가 있습니다.

The sun keeps us warm.   태양이 우리를 따뜻하게 해준다.

Leave me alone.   날 혼자 내버려 둬.

이 lesson에서 언급한 동사 외에도 수많은 동사가 복합 타동사로 쓰일 수 있습니다. 동사 뒤에 대상이 2개 나오고, 그 둘이 의미상 문장 관계를 가진다는 조건이면 됩니다. 아래 예문의 동사들은 모두 복합 타동사로 쓰였습니다.

The weather turned the leaves red.

날씨가 잎들을 붉게 바꾸었다. (물들였다)

I painted my room white.　　　　　　　　나는 내 방을 하얗게 칠했다.

He pushed the door open.　　　　　　　　그는 문을 밀어서 열어 두었다.

His behavior always drives me crazy.　　그의 행동은 항상 나를 미치게 한다.

I want you back.　　　　　　　　　　　나는 네가 돌아오길 바라.

He likes his coffee strong.

그는 커피가 진한 걸 좋아한다.

The doctor said "**Open** your mouth wide."　← open이 **복합 타동사**

의사는 "입을 크게 벌리세요."라고 말했다.

■ **아래 영문에서 틀린 부분을 찾아 올바르게 고치세요.**

1. Please contact to me if you have any questions.

   질문이 있으면 내게 연락하세요.

2. You resembled to your father so much.

   너는 네 아빠를 많이 닮았구나.

3. We discussed about our holiday plans.

   우리는 휴가 계획을 의논했다.

4. He chose a good wine to us

   그는 우리에게 좋은 와인을 골라 주었다.

5. Can I ask a favor to you?

   부탁 하나 해도 될까요?

■ **우리말에 맞게 괄호 안의 단어로 영작하세요.**

6. 그는 좋은 아빠가 될 거야. (make, will, he, a good father)

   ----

7. 그는 요즘 회사에 늦게 남는다. (at work, these days, late, stays, he)

   ----

8. 나는 그녀에게 예쁜 반지를 사주었다. (a beautiful ring, her, I, bought)

   ----

9. 그녀는 내게 자신의 자전거를 빌려주었다. (lent, she, to me, her bike)

   ----

10. 너는 그가 일을 잘한다고 알게 될 거야. (will, you, a good worker, find, him)

☞ 정답은 295쪽을 보세요.

영어의 시간 표현, 현재와 과거

I usually play the piano. 나는 주로 피아노를 쳐

영어 시제(tense, 時制)는 말하는 시점을 기준으로 어떤 일이 일어난 시간의 위치를 나타내는 문법입니다. tense는 time을 뜻하는 라틴어 tempus에서 유래되었고요.

시제는 어디까지나 동사의 변화에 관한 문법입니다. 우리말에서 '먹는다, 먹었다, 먹겠다'처럼 동사 모양을 바꿔서 시간 표현을 하듯이 영어에서도 동사 모양을 바꾸어 시제를 나타냅니다.

unit 1. 영어의 시제는 현재와 과거, 둘뿐이다

동사로 표현되는 영어의 시제는 딱 2가지입니다. 바로 현재와 과거이지요.

I love him.　　　나는 그를 사랑한다. ← **현재 시제**

I loved him.　　　나는 그를 사랑했다. ← **과거 시제**

우리가 '현재-과거-과거분사(go-went-gone)'로 동사 변화형을 외우듯이 동사는 현재와 과거 시제만 나타낼 수 있습니다.

예전 문법에서는 영어의 시제를 과거, 현재, 미래로 구분했습니다. I will go 같은 경우를 미래 시제로 불렀지요. 하지만 이는 동사 모양을 바꾸어 시점을 나타내는 '시제' 개념과 맞지 않습니다. 즉, 미래 시제란 존재하지 않습니다.

미래에 일어날 어떤 일을 시간 선상에 표시할 수는 없습니다. 아직 일어나지 않았으니까요. 다만 현재, 혹은 과거 시점에서 화자의 추측이나 계획, 의지를 표현할 따름입니다. I will go에서 조동사 will을 써서 현재의 의지를 나타내듯이요.

    A. It might snow tonight.   오늘 밤 눈이 올지도 모르겠다.
    B. It will snow tonight.   오늘 밤 눈이 올 것이다.

어떤 사람들은 A 문장의 might를 may의 과거 시제라고 설명합니다. 과거 시제는 사건의 발생 시점이 과거인데, 정작 이 문장의 뜻은 '오늘 밤 그럴지도 모르겠다'라며 현재 시점에서 미래에 대한 판단을 보이니까 말이 안 됩니다. may의 과거형 might는 조동사의 미래 표현 용법으로 이해해야 하지요.
잘못된 문법 개념이 영어 공부를 더욱 헷갈리게 할 수 있습니다.
B 문장의 will을 미래 시제라고 가르치는 것도 문제입니다. 앞에서 설명했듯이 미래 시제란 처음부터 없는데도 말입니다. 그러면 B 문장의 시제는 무엇일까요? 현대 영문법은 이 문장에 시제가 없다고 봅니다. might와 마찬가지로 조동사 will의 미래 표현 용법일 따름입니다.

영어의 시제가 현재와 과거, 이 둘뿐이라고 하면 많은 이들이 의문을 가질 것입니다. 현재진행형, 현재완료, 과거완료 같은 이른바 12시제는 도대체 다 뭐냐고요. 여기에 대해서는 이어지는 lesson 06에서 설명할 텐데, 현재와 과거 시제로 표현할 수 없는 것들을 영문법에서는 상(aspect, 相)이 해결합니다.
'상'은 사건이 일어난 시간적 위치에 초점을 맞추는 게 아니라 그 사건이 현재 어떤 상태인지를 보여 주는 장치입니다. 상에는 크게 두 가지 용법이 있습니다. 하나는 '진행'이고 다른 하나는 '완료'입니다.

동사로 표현되는 영어의 시제는 현재와 과거, 딱 2가지예요. 미래를 포함한 그 밖의 시간 표현은 조동사, be going to, 그리고 진행이나 완료 같은 용법을 활용하고요.

unit 2. 현재 시제 사용법

현재 시제present tense란 현재의 상태나 일상적인 습관을 표현할 때 사용하는 시제입니다. 이때 사건이 일어나는 시점과 그것을 말하는 시점은 서로 떨어져 있지 않습니다. be 동사나 일반동사의 현재형을 쓰면 되고요.

현재 시제라고 하니까 꼭 현재의 이야기를 하는 거라고 오해하기 쉬운데, 그보다는 시간의 폭이 훨씬 넓습니다. I drink milk in the morning(나는 아침에 우유를 마신다)이 지금 '현재' 우유를 마신다는 뜻은 아닌 거지요.

① 일반적인 동작이나 현상을 표현할 때

현재 시제의 첫 번째 용법으로서 과거, 현재, 미래를 막론하고 일어나는 일반적인 동작이나 현상을 표현합니다.

A : What do you usually do on weekend? 너는 주말에 주로 뭐해?
B : I usually play the piano. 나는 주로 피아노를 쳐.

A : Where do you work? 너는 어디서 일해?
B : I work for an international trade company. 나는 무역 회사에서 일해.

주말에 주로 하는 행위, 혹은 평소에 일하는 것은 과거, 현재, 미래와 상관없이 일어나는 일상적인 행동이지요. 이런 경우에 현재 시제를 사용합니다.

어제도 그랬고 내일, 모레도 쭉 그럴 것 같은 상황에 쓰이니까, 당연히 과학적 사실이나 사회 현상, 속담처럼 세월이 흘러도 변함없는 사실을 표현할 때도 현재 시제를 사용합니다.

A rolling stone gathers no moss.	구르는 돌에는 이끼가 끼지 않는다.
The Earth goes around the Sun.	지구는 태양 주위를 돈다.

② 주어의 현재 상태를 나타낼 때

I don't feel good.	나는 기분이 별로야.
You look pretty in that dress!	너 그 드레스 입으니까 예뻐 보인다!

상대의 지금 모습이 예뻐 보이는 것이고, 기분이 별로인 것도 주어의 현재 상태를 나타내는 것이지요. 이럴 때 현재 시제를 쓸 수 있습니다.

③ 가까운 미래를 표현할 때

우리말도 '기차는 10분 후에 도착한다'처럼 동사의 현재형으로 미래를 표현할 수 있지요? 아래 문장은 둘 다 가까운 미래의 일을 묘사하는데, 특별한 사정이 없는 한 이 일들은 결국 일어날 것입니다. 즉, 화자의 입장에서 정해진 계획이나 일이 일어날 거라는 확신이 있는 경우에도 현재 시제를 사용합니다.

We have an extra class this weekend.	우리는 이번 주말에 보충 수업이 있다.
The meeting starts at 2 p.m.	회의는 2시에 시작한다.

unit 3. 과거 시제 사용법

과거 시제past tense는 과거에 한 일이나 과거의 상태, 역사적인 사실 등을 말할 때 사용합니다. 동사의 과거형으로 표현하면 되는데, 규칙 동사에는 -(e)d를 붙이고 불규칙 동사라면 영어 공부를 하면서 보이는 대로 익혀야 합니다.

불규칙 동사라도 많이 외우다 보면 규칙 비슷한 게 눈에 들어오기는 합니다. come-came-come 같은 A-B-A형, bear-bore-born이나 steal-stole-stolen 같은 A-B-B′형 등의 유형이 있는 거지요. 여기서는 비율이 낮지만 자주 쓰이는 A-A-A형, A-B-A형 동사 몇 개만 소개하겠습니다.

〈A-A-A형〉

put(두다)   : put-put-put   set(놓다)   : set-set-set

shut(닫다)   : shut-shut-shut   cost(비용이 들다): cost-cost-cost

quit(그만두다) : quit-quit-quit   read(읽다)   : read-read [red]-read [red]

〈A-B-A형〉

run(달리다) : run-ran-run   come(오다) : come-came-come

become(~가 되다) : become-became-become

① 과거에 일어난 일을 표현할 때

말하는 시점은 현재이고, 말하고자 하는 사건은 당연히 지금보다 과거입니다.

Steve Jobs **died** in 2011.   스티브 잡스는 2011년에 죽었다.

He **worked** at Mcdonald's 3 years ago.   그는 3년 전에 맥도날드에서 일했다.

② 과거의 습관이나 반복 행위를 표현할 때

현재 시제로 일상적인 습관을 표현했던 것과 마찬가지로, 과거의 습관이나 반복 행위 역시 과거 시제로 표현합니다. 화자가 현재 말하고 있을 뿐 일어난 사건 자체는 현재 시점과 아무 관계가 없습니다.

I sometimes **walked** in the park at lunchtime.

나는 가끔 점심시간에 공원에서 걸었다.

People **lived** in caves long time ago.

사람들은 오래전에 동굴에서 살았다.

She **played** the violin when she was a child.

그녀는 어렸을 때 바이올린을 연주했다.

③ 과거 일에 대한 화자의 인식을 나타낼 때

과거의 어떤 상태, 혹은 과거 일에 대한 경험이나 인식을 보일 때도 과거 시제를 사용합니다. 아래는 그녀가 과거에는 부끄러움이 많았지만, 지금은 그렇지 않다는 화자의 인식을 나타내기 위해 과거 시제를 사용했습니다.

She **was** shy as a child, but now she is very bright.

그녀는 어렸을 때 부끄러움이 많았다. 하지만 지금은 아주 밝다.

 공손함을 나타내는 데에도 과거 시제가 쓰일 수 있습니다. 카페에 갔을 때 점원이 아래처럼 과거형으로 말하는 경우입니다.

Server : Did you want cream for your coffee? 커피에 크림 올려드릴까요?

Customer : Ok, please. 네, 감사합니다.

unit 4. will과 be going to는 어떻게 다를까?

영어에는 미래 시제가 없습니다. 이렇게 말하면 '그럼 will이나 be going to 같은 미래 표현은 뭐지?'라는 의문을 가지는 이들이 적지 않을 것입니다.

현대 영문법에서 will은 조동사로서, be going to는 동사 원형이 뒤에 와서 미래를 표현할 뿐 '시제'라고 하지 않는다고 앞에서 설명했습니다. 현재 시점을 기준으로 화자의 판단이나 추측, 의지를 보이는 표현일 따름이지요.

그처럼 미래를 나타내는 대표적인 표현 2가지가 will과 be going to입니다. 이 둘은 어떤 차이가 있는지를 보겠습니다.

● **be going to : 사전에 결정 / will : 즉석에서 결정**

주어의 의지를 나타낼 때 사전에 결정된 것이라면 be going to, 즉석에서 결정한 것이라면 will을 사용합니다.

Mom : Wash your hands before dinner.	저녁 먹기 전에 손 씻어라.
Son : I **am going to** (wash my hands)!	씻으려는 중이에요!
Daughter : I **will** (wash my hands)!	씻을게요!

밥 먹기 전에 손 씻으라는 엄마의 말에 아들은 '씻으려는 중이다', 딸은 '씻겠다'라고 대답합니다. 둘은 어떤 차이가 있을까요? 아들은 이미 손을 씻으려고 마음을 먹은 상태입니다. 반면에 딸은 엄마의 지시에 따라 그 자리에서 결정한 것입니다.

누가 문을 두드릴 때 "내가 나가볼게."라고 말하는 상황도 마찬가지입니다.

A : Someone is knocking on the door.	누가 문을 두드리고 있어.
B : I **will** get it. (O)	내가 가볼게.
I am going to get it. (X)	

여기서는 will을 사용해야 합니다. 상식적으로 누가 문을 두드리는 걸 미리 알아서 나가려고 했다는 것은 말이 안 됩니다. 당연히 be going to는 쓸 수 없고, will을 통해 즉석에서 결정한 것임을 나타내야 합니다.

A : What are you doing after work?　　일 끝나고 뭐 해?

B : I **am going to** have dinner with my girlfriend. I reserved a table at a decent restaurant a few days ago.

　　여자 친구랑 저녁 먹을 거야. 며칠 전에 근사한 레스토랑을 예약했거든.

B의 뒤 문장을 통해 사전에 레스토랑을 예약했고, 이로써 여자 친구와 저녁을 먹기로 약속한 상태임을 알 수 있습니다. 따라서 즉석의 결정을 나타내는 will을 사용하는 것은 어색하며 be going to를 써야 합니다.

● be going to : 비격식체 / will : 격식체

미래 표현을 어떤 환경에서 사용하는지에 따라서도 be going to와 will의 쓰임새를 구분합니다. 격식을 차려야 하는 상황에서는 will, 일상적인 상황에서는 be going to를 주로 사용합니다.

A. Samsung **will** launch new foldable smartphones.

　　삼성은 새로운 폴더블 스마트폰을 출시할 예정이다.

B. We **are going to** have some coffee. You wanna join?

　　우리 커피 마실 건데, 너도 같이 갈래?

A 문장은 뉴스 기사처럼 격식을 갖춰 표현하는 내용을 담고 있습니다. 반면에 B 문장은 일상에서 가볍게 표현하는 상황입니다. 그래서 전자는 will, 후자는 be going to로 표현했습니다.

한편으로 막연한 미래를 암시할 때는 will, 가까운 미래에 대해 이야기할 때는 be going to를 쓰기도 합니다.

A. I **will** call you later.   내가 나중에 전화할게.

B. It's been about an hour since the game started. It**'s going to** end soon.
경기 시작한 지 1시간쯤 됐어. 이제 곧 끝나.

A 문장은 언제 전화를 할지 알 수 없는 상황입니다. 앞날의 행위를 그저 막연하게 나타낼 뿐이지요. 반면에 B 문장은 경기가 곧 끝날 거라는 걸 알 수 있습니다.
이처럼 화자가 느끼기에 확정적이지 않고 다소 먼 미래에는 will, 가까운 미래일 때는 be going to를 사용합니다.
그리고 강한 의지를 나타낼 때 will을 사용한다는 것도 알아두기 바랍니다.

I **will** always love you.   나는 언제나 널 사랑할 거야.

영화 〈보디가드〉의 주제곡으로 Whitney Houston이 부른 노래 제목이지요. 언제나 널 사랑하겠다는 굳은 의지를 보이는 표현이니까 will을 썼습니다.

진행형, 완료형부터 과거완료 진행형까지

She has gone **to France.** **그녀는 프랑스로 갔다**

현재와 과거 시제가 표현하지 못하는 것들을 상aspect이 해결해 준다고 앞에서 언급했습니다. 상에는 진행과 완료가 있다고도 했는데, 우리가 문법에서 배우는 현재진행형이나 현재완료라는 개념은 여기에서 나옵니다.

unit 1. '상'은 사건의 양상을 보여 준다

'상'은 동사가 서술하는 사건이나 동작이 어떤 상태, 또는 어떤 양상인지를 보여 주는 문법 장치입니다. 시제는 어떤 사건이 일어난 시점(현재 or 과거)을 나타내는 것이고, 상은 그 사건의 양상에 대해 말한다고 이해하면 됩니다.

He **is running** in the park.   그는 공원에서 뛰고 있다.

이 문장은 그가 현재 어떤 상태인지를 보여 줍니다. 과거에 뛴 것도 아니고 늘 뛴다는 의미도 아니지요. 잠시 뛰고 있다는 의미로 이 행위는 얼마간 시간이 지나면 끝납니다. be 동사 + V-ing 형태로 '진행 상'을 나타낸 것입니다.

진행 상을 흔히 '진행형'이라고 하는데, 위 문장에서 be 동사의 시제가 현재이니까 '현재진행형'이 됩니다.

마찬가지로 '완료 상'은 사건이나 동작이 완료된 양상을 나타냅니다.

A. She **became** a teacher.   그녀는 선생님이 되었다. ← **과거 시제**

B. She **has become** a teacher.   그녀는 선생님이 되었다. ← **완료 상**

우리말로는 똑같이 번역되지만, 영어에서는 두 문장이 뜻하는 바가 다릅니다.

A 문장은 '그녀가 (과거에) 선생님이 되었다'라는 뜻으로 현재 시점과는 무관합니다. 과거 시점에 머물러 있기 때문에 그녀가 여전히 선생님인지 아니면 현재 다른 직업을 갖고 있는지는 알 수 없습니다.

그에 비해 B는 과거에 선생님이 되어 현재까지 선생님 신분을 유지하고 있음을 보여 줍니다. 선생님이 되어 그 '완료된 상태'가 쭉 이어지는 양상을 have + V-ed(과거분사)로 나타낸 것이지요. 동사 has의 시제가 현재이니까 '현재완료'가 되는 거고요.

진행형과 완료형은 사건이 일어나는 어느 한 시점만을 말하는 게 아니라, 사건의 상태를 시간의 흐름 위에 나타내는 개념입니다.

이것들이 현재 시제와 함께 쓰이면 현재진행형, 현재완료형이 되고, 과거 시제와 함께 쓰이면 과거진행형, 과거완료형이 되는 것입니다. 완료와 진행이 함께 쓰이면 현재완료 진행형, 과거완료 진행형이 되고요.

	현재 시제	과거 시제
진행형	현재진행형	과거진행형
완료형	현재완료형	과거완료형
완료 + 진행	현재완료 진행형	과거완료 진행형

unit 2. 현재진행형 사용법

현재진행형은 '~하고 있다, ~하는 중이다'라는 의미로 be 동사 + V-ing로 표현합니다.

현재 시점에서 어떤 동작이나 상황이 진행되고 있음을 나타냅니다.

A. I teach English, but I am not teaching at the moment.

나는 영어를 가르치지만, 지금은 가르치고 있지 않다.

B. Water is boiling now.   지금 물이 끓고 있다.

A 문장은 평소 영어를 가르치지만, 현재는 잠시 가르치고 있지 않다는 뜻으로 주어의 동작이나 상태가 일시적인 양상을 보여 줍니다. B 문장 역시 물이 끓고 있는 현재 상태를 나타내며, 이는 머지않아 끝이 납니다.

진행형은 일시적인 상황을 나타내므로 at the moment(바로 지금), now처럼 한정된 시간을 뜻하는 부사와 잘 어울립니다. '이번 달, 올해' 같은 표현도 주어의 상태나 상황이 일정 기간 동안 일어난다는 것을 나타내지요. 따라서 아래 예문처럼 현재진행형과 함께 사용되고는 합니다.

She is working in Germany this month.

그녀는 이번 달에 독일에서 일하고 있다.

They are studying in an exchange program in Greece this year.

그들은 올해 그리스에서 교환 학생으로 공부하고 있다.

현재진행형으로 미래를 표현할 수도 있습니다.

앞에서 '기차는 10분 후에 도착한다'처럼 현재 시제가 정해진 계획, 일정 같은 미래를 표현할 수 있다고 했지요. 마찬가지로 일어나는 시점은 미래이지만, 현재 이미 그렇게 하기로 한 상태라는 것을 강조할 때는 현재진행형이 가능합니다.

We are having a test in three days.   우리는 3일 후에 시험을 본다.

He is meeting his girlfriend tonight.   그는 오늘 밤 여자 친구를 만날 거야.

TIPS 기존 문법에서는 love(좋아하다), hate(싫어하다), have(가지다)처럼 상태를 나타내는 동사는 진행형을 쓸 수 없다고 설명합니다. 동사가 그 자체로 그러한 상태를 나타내기 때문이지요. 즉, I am loving you는 틀렸고 I love you여야 한다는 것입니다.

원칙적으로는 맞는 설명이지만, 일시적인 감정을 강하게 표현할 때는 진행형을 쓸 수도 있습니다. 예컨대, 아래 문장은 맥도날드의 캠페인 문구입니다. '햄버거를 한입 베어 먹는 그 순간을 굉장히 즐긴다'라는 메시지를 현재진행형으로 나타낸 것이지요.

i'm lovin' it. (I'm loving it)

그리고 동사 have는 '가지다'라는 뜻 외에 '~를 경험하다, ~를 먹다, 시간을 보내다' 같은 의미로도 쓰이는데, 이런 뜻일 때는 얼마든지 현재진행형을 쓸 수 있습니다.

He is having a meal. 그는 밥을 먹고 있는 중이다.

unit 3. 과거진행형 사용법

과거진행형은 현재진행형에서 시점만 과거로 옮긴 것입니다. be 동사 + V-ing에서 be 동사를 과거 시제, 즉 was/were로 바꾸면 됩니다.

Yesterday, I was waiting for a bus.   어제 나는 버스를 기다리고 있었다.

I was driving to work an hour ago.

한 시간 전에 나는 출근을 위해 운전하는 중이었다.

과거진행형은 과거의 특정 시점에 어떤 행위가 한동안 이어지고 있었다는 사실을 표현합니다. 그래서 두 가지 상황을 대비해 묘사하는 데 곧잘 쓰입니다.

She was making dinner when her husband **arrived**.

남편이 도착했을 때 그녀는 저녁을 만드는 중이었다.

앞의 문장에는 두 가지 관점이 존재합니다. 하나의 상황이 벌어진 시점에(과거 시제), 또 다른 상황은 어떤 양상이었는지를 묘사하는 것입니다.(진행 상)

unit 4. 현재완료형 사용법

완료형은 사건이나 동작이 완료된 양상을 나타낸다고 했지요. 현재완료형은 현재 시제를 적용해 have + V-ed로 표현하고요.

현재완료가 어렵게 느껴지는 이유는 우리말에는 없는 문법 개념이기 때문입니다. 그래서 '완료 상'의 해석을 과거 시제와 혼동하는 경우가 많습니다. 현재완료는 영어로 present perfect라고 하는데, 완료라서 해서 다 끝났다는 게 아니라 '완료된 양상'을 나타낸다는 점을 기억하기 바랍니다.

현재완료에는 크게 4가지 용법이 있는데, 각각 어떤 행위의 완료, 계속, 결과, 경험을 나타냅니다.

● 현재완료형 용법 1 - 완료

현재완료형의 첫 번째 용법, '완료'는 어떤 행위가 최근에 완료된 상태임을 보여 줍니다. '이제 막 ~했다'라는 식으로 해석됩니다.

A. She has recently graduated from college.   그녀는 최근에 대학을 졸업했다.

B. We have just got from our trip.   우리는 막 여행에서 돌아왔다.

우리말에서 '졸업했다', '돌아왔다'로 표현되기 때문에 과거 시제를 써야 한다고 생각하기 쉽습니다. 하지만, 과거 시제와는 담고 있는 의미가 다릅니다.

A 문장은 이전에 대학을 졸업해서 현재 졸업생 신분을 얻은 상태를 나타냅니다. 또한 B 문장은 여행에서 돌아온 상태, 그래서 '지금 좀 피곤하다', 혹은 '집에서 쉬고 있다' 등의

뉘앙스가 있습니다.

완료 용법의 부정 표현은 '완료되지 않은 상태'를 나타내는데, not이나 never를 써서 have not/never V-ed로 표현하면 됩니다. 부사 yet(아직) 등과 잘 어울리고요.

My friend borrowed $100 from me. But he **hasn't paid** me back yet.
내 친구가 나에게 100달러를 빌려갔다. 하지만 그는 아직 갚지 않았다.

● 현재완료형 용법 2 - 계속

현재완료형의 두 번째 용법, '계속'은 과거의 한 시점부터 지금까지 동작이나 상태가 이어져 오고 있음을 나타냅니다. 주로 since, for 등과 함께 쓰이지요.

A : How have you been?   요즘 어떻게 지냈어?

B : I have been very busy these days.   최근에 계속 바빴어.

A : When did they get married?   그들은 언제 결혼했지?

B : They have been married since 2010.
   걔들은 2010년에 결혼했어. (2010년부터 결혼 생활 중이야.)

이 문장들은 단순한 과거 표현과는 다릅니다. 최근까지 계속 바빴고, 2010년에 결혼해 계속 결혼 상태라는 의미를 가지는 것입니다. 이렇듯 현재완료는 과거와 현재의 관련성을 보여 줍니다.

● 현재완료형 용법 3 - 결과

현재완료형의 세 번째 용법, '결과'는 과거 한 시점의 행위에 따르는 현재의 결과에 초점을 두는 용법입니다. 문장은 과거의 일을 보여 주지만, 의미적으로는 그 결과로서 '현재 ~한 상태'임을 암시합니다.

A. She has gone to France.　　그녀는 프랑스로 갔다.(가고 없다)

B. The price of Bitcoin has risen sharply.

　　비트코인의 가격이 급격하게 올라갔다.(가격이 매우 오른 상태다)

A 문장은 현재완료로써 '그녀가 프랑스에 가서 현재는 없다'라는 사실을 나타내고 있습니다. 만약 이 문장을 단순히 과거로 표현하면 어떻게 될까요? 즉 She went to France 는 예전에 그녀가 프랑스에 갔다는 하나의 사실만을 보여 줍니다. 당연히 그녀가 다시 돌아왔는지 어떤지는 알 수 없습니다.

● 현재완료형 용법 4 - 경험

현재완료형의 네 번째 용법, '경험'은 '~한 적이 있다'라는 개인적인 경험, 또는 반복적인 현상을 표현합니다.

그런데 개인적인 경험이라면 그냥 과거일 텐데, 왜 현재완료로 표현하는 걸까요?

예를 들어 Have you ever been to New york?(뉴욕에 갔다온 적 있어?)이라는 문장은 과거의 어느 한 시점을 묻는 게 아닙니다. 정확한 시점과는 상관없이 (한 번이든 몇 번이든) 뉴욕에 다녀온 경험 자체를 묻는 것이지요.

A. Nobody has ever climbed that mountain.　　어느 누구도 그 산을 오르지 못했다.

B. There have been many earthquakes in Japan for the last five years.

　　지난 5년 동안 일본에 많은 지진이 있었다.(반복적으로 일어나고 있다)

A 문장은 주어의 경험을 나타내는 현재완료의 부정 표현입니다. 현재에 이르기까지 누구도 그 산에 오른 적이 없다는 경험 자체를 나타냈습니다.

B 문장 역시 지진이 많이 발생한 사실을 넘어 그 기간 동안 지진이 반복적으로 일어났다는 뉘앙스를 담고 있습니다.

unit 5. 과거완료형 사용법

과거완료형은 현재완료형에서 시제만 과거로 바뀐 것으로 had + V-ed로 표현합니다. 현재완료와 마찬가지로 과거완료는 과거에 완료된 양상을 보여 주는데, 과거의 기준 시점보다 사건의 순서가 먼저라는 특징이 있습니다.

He **had lived** in Seoul for 30 years when he **was looking** for a job. ← **계속**
그는 직업을 찾고 있을 때 30년간 서울에 살고 있었다.

when he was looking for a job은 과거 시점의 진행을 나타내는데, 주어인 그가 이때를 기준으로 그전부터 30년간 서울에 살았다는 사실을 보여 줍니다. 이처럼 기준 시점인 과거보다 더 이전부터 어떤 행위가 이어져 올 때 과거완료형을 사용합니다.
현재완료형의 계속 용법처럼, 이 문장은 '계속'의 의미를 지니는 과거완료형 표현입니다.
마찬가지로 과거완료형이 '경험'을 나타내기도 합니다.

I had called him several times before he answered. ← **경험**
나는 그가 전화를 받기 전까지 몇 번이나 전화했었다.

이 문장은 before he answered라는 과거 시점보다 이전에 그에게 몇 번 전화한 경험이 있다는 의미로 과거완료형을 사용했습니다.
이번에는 과거완료형의 '완료'와 '결과' 용법입니다.

A. I had just finished my homework before mother came back. ← **완료**
   엄마가 돌아오기 전에 나는 숙제를 막 끝냈다.
B. The train had already left when he arrived at the station. ← **결과**
   그가 역에 도착했을 때 열차는 이미 떠났다.

A 문장은 엄마가 돌아온 시점 이전에 숙제를 완료한 상태임을 나타냅니다. B 문장에서 열차가 떠난 것은 그가 역에 도착하기 전에 발생한 사건이므로 그 결과에 초점을 맞춰 과거완료형을 썼습니다.

unit 6. 현재완료 진행형 & 과거완료 진행형

완료 진행형은 완료형과 진행형이 결합한 형태입니다. 현재 시점을 기준으로 하면 현재완료 진행형, 과거 시점을 기준으로 하면 과거완료 진행형이 되며 have/had been V-ing로 표현합니다.

● 현재완료 진행형

He **has been playing** computer games for 4 hours.
그는 4시간째 컴퓨터 게임을 하는 중이다.

우리말 번역으로 '4시간째'이니까, 말하는 시점에서 4시간 전에 게임을 시작해 아직 끝나지 않은 상태임을 알 수 있습니다. 이는 현재완료(계속)에 해당하는 개념이지요. 그리고 '게임을 하는 중이다'라는 표현에서 게임 행위가 현재도 이어지고 있음을 보여 줍니다. 이는 진행형에 해당합니다.
이처럼 완료형과 진행형이 동시에 들어가는 경우에 완료 진행형을 사용합니다.
엄밀히 말해 동작이 끝났지만, 그 동작의 영향이 지금까지 이어질 때도 현재완료 진행형을 사용할 수 있습니다. 현재완료의 '계속' 용법과 비슷한 경우이지요.

A : You look so exhausted. What **have** you **been doing**?
너 많이 지쳐 보여. 뭐하고 있었어?

B : I **have been playing** basketball in the park.

공원에서 농구하고 있었어.

지쳐 보인다는 물음에 B는 농구를 하고 있었다고 대답합니다. 하지만 사실 B는 이 순간만큼은 농구를 하고 있지 않지요? 그런데도 진행형으로 묻는 것은 (뭔가를 하고 있었기에) B의 상태가 지쳐 보이기 때문입니다. 농구를 한 영향이 현재까지 이어지고 있음을 보여 주는 것이지요. 따라서 현재완료 진행형을 사용할 수 있습니다.

I am so tired. I **have been studying** all day.

나 너무 피곤해. 하루 종일 공부하고 있었어.

이 문장 역시 마찬가지로, 이렇게 말하는 순간은 공부를 하는 중이 아닐지도 모릅니다. 그럼에도 공부의 여파가 지금까지 이어져 주어의 피곤한 상태를 나타내기 때문에 현재완료 진행형을 사용했습니다.

● **과거완료 진행형**

과거완료 진행형은 현재완료 진행형에서 시점만 과거로 옮긴 것입니다.

I **had been working** on my computer before it shut down.

컴퓨터가 멈추기 전에 나는 계속 작업 중이었다.

before it shut down은 과거 시점입니다. 주어는 그 이전부터 작업을 계속 해오던 상황이었으므로 과거완료 진행형을 사용했습니다.

unit 7. 조동사 will과 상 결합하기

미래 진행형과 미래 완료형, 미래완료 진행형

앞에서 살펴본 진행형과 완료형을 will과 결합해 미래를 표현할 수 있습니다.

먼저 조동사 will과 진행 상을 결합해 will be V-ing 형태로 **미래 진행형**을 표현하는 경우입니다.

> I **will be shopping** at the mall around 7 tomorrow.
>
> 나는 내일 7시쯤에 쇼핑몰에서 쇼핑하고 있을 거야.
>
> They **will be flying** to New York next month.
>
> 다음 달에 그들은 뉴욕으로 가는 비행기 안일 거다.

이 두 문장은 미래의 특정 시점에 어떤 행위가 진행되고 있을 거라는 화자의 추측을 나타내고 있습니다.

다음으로, will과 완료 상을 결합해 will have V-ed 형태로 **미래 완료형**을 표현하는 경우입니다. 미래의 어느 시점을 기준으로 그때까지 일어나는 어떤 사건의 양상을 나타내는 것입니다.

> A. The party **will have been** over by 10.   10시쯤에는 파티가 끝나 있을 것이다.
>
> B. I **will have** already **left** by the time you read this letter.
>
>   네가 이 편지를 읽을 때면 난 떠나고 없겠지.

A 문장은 10시라는 시점을 기준으로 파티가 끝나 있을 거라는 완료 상황을 보여 줍니다. 마찬가지로 B 문장은 상대가 편지를 읽고 있을 미래 시점을 기준으로 주어가 이미 떠나 버린 완료 상황을 나타냅니다.

마지막으로, 미래를 표현하는 will에 두 가지 상이 결합한 **미래완료 진행형**에 대해 알아

보겠습니다. will have been V-ing 형태입니다.

A. I will have been working at this company for 4 years by next month.

다음 달이면 나는 이 회사에서 4년 동안 일하고 있을 것이다.

B. I will have been living in this neighborhood for 3 years by next year.

내년이면 나는 이 동네에 3년째 살고 있게 될 것이다.

A 문장은 다음 달이라는 미래 시점을 기준으로, 이전부터 그 시점까지 계속 일하게 되는 상황(완료 진행)을 will이 이끕니다.

B 문장은 내년이라는 미래 시점을 기준으로, 3년째 이 동네에 계속 살게 될 거라는 상황을 나타냈습니다. 이처럼 미래의 어느 시점까지 동작이나 상황이 이어질 때는 미래완료 진행형을 사용합니다.

REVIEW TEST 02

■ <u>괄호에 적절한 동사 형태를 하나씩 고르세요.</u>

1. He teaches English. He usually (works out, worked out) after work.
   그는 영어를 가르쳐. 일이 끝나고 그는 대개 운동해.

2. My English has (improved, improving) recently.
   내 영어 실력이 최근에 좋아졌어.

3. I (finished, had finished) my homework before mother came back.
   엄마가 돌아오기 전에 나는 숙제를 끝냈다.

4. They (were married, have been married) since 2010.
   그들은 2010년에 결혼했다.

5. You are sweating a lot. What (were you doing, have you been doing)?
   땀을 많이 흘리고 있네. 뭐했어?

■ <u>주어진 동사를 진행형이나 완료형으로 고쳐 넣으세요.</u>

6. He (   ) TV when his parents arrived. ← **watch**
   부모님이 돌아왔을 때 그는 TV를 보는 중이었다.

7. Why isn't she (   ) you back? ← **text** (v. 문자를 보내다)
   왜 그녀가 네게 답 문자를 안 하고 있지?

8. I (   ) very busy these days. ← **am**
   나는 요즘 정말 바빴어.

9. I broke her computer. I (   ) her this angry before. ← **never see**
   내가 그녀의 컴퓨터를 망가뜨렸다. 그녀가 이렇게 화난 모습은 전에 본 적이 없었다.

10. My English (   ) even better next year. ← **get**
    내년에는 나의 영어 실력이 더욱 좋아져 있을 것이다.

조동사의 활용 1 – will, can

I would die for you. 나는 널 위해 죽을 수도 있어

조동사는 동사 앞에 와서 동사에 어떤 의미를 보태 주는 역할을 합니다. 조동사의 '조'는 도울 조助로 '동사를 도와준다'라고 흔히 설명하는데, 도움을 주고받는 관계라기보다는 동사에 '~할 것이다', '~할 수 있다' 같은 의미를 보태 준다고 보는 게 좀 더 정확한 쓰임새입니다.

I must go now에서 동사 go 앞에 조동사 must가 와서 '~해야 한다'라는 의미를 보태 주는 것이지요.(간다 + ~해야 한다 → 가야 한다)

이 같은 조동사에는 will, can, must, may, shall이 있습니다. 이것들은 동사 앞에 와서 주어에 대한 상황 판단, 주어의 의지, 추측 등을 나타냅니다.

조동사 다음에는 반드시 원형 동사를 써야 합니다. 일반동사는 물론이고 am, are, is 같은 be 동사가 조동사 다음에 오면 be로 표현합니다.

1. 조동사로 상황 판단을 나타낸다.

This movie is boring.	이 영화는 지루하다.
→ This movie **must** be boring.	이 영화는 분명 지루할 것이다.
→ This movie **may** be boring.	이 영화는 지루할지도 모른다.
→ This movie **can** be boring.	이 영화는 지루할 수 있다.

2. 조동사로 가능성의 정도를 나타낸다.

He learns English.	그는 영어를 배운다.

→ He **must** learn English.	그는 영어를 꼭 배워야 한다.
→ He **can** learn English.	그는 영어를 배울 수 있다.
→ He **may(might)** learn English.	그는 영어를 배울지도 모른다.

이 문장들은 동사 '배우다'의 가능성 정도를 조동사로 나타냅니다. 아래로 올수록 가능성의 정도가 낮아집니다. '꼭 배워야 한다'가 가능성 100%라면 '배울 수 있다'는 50%, '배울지도 모른다'는 20~30%쯤 될 테지요.

may와 might는 우리말 번역이 같습니다만, might 쪽의 가능성이 더 낮습니다. 쉽게 말해 might는 '배울지도 모른다. (상황을 봐서 안 배울 수도 있고)'라는 뉘앙스가 더 크다고 하겠습니다.

unit 1. 조동사 will의 용법

조동사 will의 가장 일반적인 용법은 미래에 대한 추측이나 확신, 그리고 주어의 의지나 결심을 나타내는 것입니다. 대개 '~할 것이다'로 번역되고요.

① 미래에 대한 추측이나 확신

| Everyone will be given free gifts. | 모두가 사은품을 받을 것이다. |
| He will make a good teacher. | 그는 좋은 선생님이 될 거야. |

② 주어의 의지나 결심

I will call you back tomorrow.	내가 내일 다시 전화할게.
I will pay you back in three days.	사흘 후에 돈 갚을게.
I won't let you down.	널 실망시키지 않을 거야.

will의 부정형은 will not(줄여서 won't) 혹은 will never로 표현합니다. 그리고 의문문에서 상대방의 의지, 결심을 물을 때도 will을 사용합니다.

Will you marry me? 나와 결혼해 줄래?

Will you close the door? 문 닫아 줄래?

③ 현재에 대한 강한 추측, 또는 의심의 여지가 없는 경우

will은 미래에 대한 추측과 주어의 의지 표현에 주로 쓰이는데, 그렇다고 will이 언제나 미래를 나타내는 것은 아닙니다. 조동사 will은 현재에 대한 강한 추측, 일반적인 습관, 사물의 의지 표현에도 사용할 수 있습니다.

A : Who is that guy? 저 사람은 누구야?

B : He will be our new teacher. 그는 분명 새로 오신 선생님일 거야.

She will get angry over nothing. 그녀는 아무것도 아닌 일에도 화를 내.

첫 번째 대화는 그가 선생님일 가능성을 나타내는데, 그 정도가 강한 편입니다. 두 번째 문장은 (평소 그녀의 성향으로 보건대) 화를 잘 낼 거라는 현재의 추측, 판단을 보여 줍니다. 두 문장 모두 현재 시점의 표현입니다.

④ 일반적인 습관, 반복 행위

My mom **will** say "Come and have breakfast." But I **will** skip breakfast.

엄마가 "와서 밥 먹어."라고 말할 거야. 하지만 난 아침을 거르겠지.

⑤ 사물의 의지를 나타낼 때

우리말도 '마우스가 말을 안 들어!'처럼 사물에 의지가 있는 듯이 표현하곤 하지요. 영어 역시 사물 주어에 will을 사용해 속성을 표현할 수 있습니다.

| The car won't start! | 차가 안 가! |
| The door won't open. It's stuck! | 문이 안 열려. 끼었어! |

unit 2. 조동사 would의 용법

would는 will의 과거형으로 과거 시점에서 앞날에 대한 추측, 주어의 결심이나 의지 등을 나타냅니다.

그런데 would는 현재 시점에도 사용합니다. 흔히 would를 will의 과거 시제, 혹은 과거형으로만 알고 있기 때문에 현재 표현에는 쓸 수 없다고 생각하기 쉬운데, 그렇지 않습니다. 일단 모든 조동사는 동사가 아니기 때문에 시제와는 상관없습니다.

| I **will** be back. | 나는 돌아올 거야. (꼭) |
| I **would** be back. | 나는 돌아올 거야. (장담까지는 아니지만, 아마도) |

영화 〈Terminator〉의 유명한 대사이지요. 두 문장은 모두 현재 시점에서 앞날에 대한 의지를 표현했습니다. would를 썼다고 해서 과거는 아닌 거지요. 다만 이때의 would는 똑같은 의지 표현이기는 해도 will과는 뉘앙스가 다릅니다.

would가 will보다 주어의 의지, 혹은 확신의 정도가 낮습니다. 위에서 will이 의지를 나타낸다면 would는 그렇게 할 의향이 있다는 정도로 이해하면 됩니다.

그러면 먼저, 과거형으로 쓰인 would부터 보겠습니다. 과거 시점에서 앞날에의 추측, 주어의 의지를 나타내는 경우입니다.

① 과거 시점에서 앞날에 대한 추측이나 확신

I thought we would be late.　　나는 우리가 늦을 거라 생각했어.

Nobody expected he would pass the exam.

누구도 그가 시험에 합격할 거라 기대하지 않았다.

② 과거 시점에서 주어의 의지나 결심

He wouldn't pay me back.　　그는 내게 돈을 갚지 않으려고 했다.

A : Why do you look so tired?　　왜 이렇게 피곤해 보여?

B : I had a terrible night. My baby wouldn't go to sleep.

　끔찍한 밤을 보냈어. 아기가 잠을 자려 하지 않았거든.

③ 과거의 일반적인 습관, 반복 행위

앞에서 will이 주어의 반복적인 행동을 나타내는 용법이 있었지요? 마찬가지로 would 역시 과거에 있었던 주어의 반복적인 행동을 표현할 수 있습니다.

When we were young, we would go to the beach every summer.

우리가 어렸을 때 여름마다 바다에 가곤 했다.

When my father was under stress, he would stay out late and have a drink.

아빠는 스트레스를 받을 때면 밖에서 늦게까지 술을 마시곤 했다.

would처럼 과거의 반복적인 행위를 나타내는 표현으로 used to + 동사 원형(~하곤 했다, 한때 ~했다)이 있습니다. 다만 would가 과거의 반복적인 행위를 나타내는 데 비해 used to는 행위와 상태를 모두 나타낼 수 있습니다.

I used to wake up early at my home.　　난 집에서 일찍 일어나곤 했다.

When he was in his 20's, he used to like her.

그는 이십대에 그녀를 좋아했다.

지금까지는 would가 과거형으로 쓰였습니다. 하지만, 아래의 would는 will의 과거형이 아니라 별개의 조동사 would로 이해해야 합니다. would가 현재 시점에서 주어의 의지, 소망을 나타내는 경우입니다.

④ 현재 시점에서 주어의 의지, 소망

……

I would jump in front of a train for you.

You know I would do anything for you.

I would go through all this pain. (……)

I would die for you. But you won't do the same.

널 위해 기차 앞에 뛰어들 수 있어.

넌 알 거야, 내가 널 위해 뭐든 할 거란 걸.

난 이 모든 고통을 이겨낼 수 있어.

난 널 위해 죽을 수도 있어. 하지만 넌 나처럼 하지 않겠지.

Bruno Mars의 〈Grenade(수류탄)〉라는 노랫말 중 일부입니다. 조동사 would로 '널 위해 ○○라도 할 수 있어'라며 현재 시점에서 주어의 소망을 표현했습니다.

⑤ 상대의 의향을 묻는 공손 표현

Would you close the door?　　문 닫아 주시겠어요?

Would you pass me the salt?　　소금을 건네주시겠어요?

will이나 can으로도 상대방 의향을 물을 수 있지만, would나 could로 물었을 때 더욱 공손한 표현이 됩니다. 물론 이때의 would, could는 과거형이 아닙니다.

would, could는 어째서 과거형으로 현재 시점을 나타내는 걸까요?(사실 모양만 과거형일 뿐 실제 쓰임새는 별개인 조동사입니다.)

앞에서 조동사는 상황에 대한 판단, 주어의 의지를 나타낸다고 했지요? 이는 기본적으로 '일어나지 않은 일들'에 대한 표현입니다. 다시 말해 will은 '~할 것이다'라는 추측일 뿐 동사처럼 분명한 사실에 대한 표현은 아니라는 말이지요.

이처럼 명확하지 않은 사실을 과거형으로 표현함으로써 가능성의 정도가 줄어듭니다. 과거와 현재는 떨어져 있으니까, 시제를 의도적으로 한 칸 앞으로 옮겨서 현실과 더 멀어지게끔 표현하는 것이지요. 이는 lesson 29에서 공부할 가정법 과거 표현을 떠올리면 이해가 좀 더 쉽습니다.

If I knew her number, I would call now.
그녀의 전화번호를 안다면 지금 전화할 텐데.

이 문장은 현재 그녀의 전화번호를 모른다는 말이지요? 그러니까 지금 전화할 수 없다, 즉 가능성이 없다시피 하니까 I would call now가 현재 시점인데도 과거형 would를 사용하는 이치입니다.

주어의 의지를 표현하는 will, would가 우리말로는 번역이 같아도 would의 의지 정도가 will보다 낮은 것 역시 이 때문입니다.

unit 3. 조동사 can의 용법

조동사 can은 '~할 수 있다'라는 뜻으로 능력이나 가능을 나타냅니다. 가장 기본적인 쓰임새로 주어의 능력, 의지를 나타내는 표현부터 보겠습니다. can 다음에는 당연히 동사 원형이 와야 하고, can의 부정 표현은 can not(can't)입니다.

① 주어가 현재 지닌 능력

She can solve the problem easily.   그녀는 이 문제를 쉽게 풀 수 있다.

He can't speak Chinese well.　　그는 중국어를 잘 못한다.

② 현재, 미래에 대한 주어의 의지

I can give you a ride home after work.

일 끝나고 널 집까지 태워줄 수 있어. (태워 줄게)

We can go to the movies.　　우리는 영화 보러 갈 수 있어. (보러 가자)

'태워줄 수 있다', '영화 보러 갈 수 있다'라는 가능 표현이지만, 의미상으로는 현재 시점에서 주어의 의지를 나타낸 것이지요. I will give you a ride보다는 I can give you a ride 쪽이 더 자연스럽다고 할 수 있습니다.

의문문으로 상대방에게 뭔가를 요청할 때도 can을 사용할 수 있습니다.

Can I have your bill, please?　　계산서를 보여 줄래요?

Can you put out the cigarette? It's non-smoking area.

담배를 꺼 줄래요? 여기는 금연구역입니다.

③ 보편적으로 발생 가능한 일

Smoking can cause cancer.　　흡연은 암을 유발할 수 있다.

Watching smartphones so long at night can be harmful to eyes.

밤에 스마트폰을 오래 보는 것은 눈에 해로울 수 있다.

이 두 문장은 항상 발생하지는 않지만, 보편적으로 일어나는 가능성을 나타냅니다. can이 '~할 수 있다'라는 능력이나 의지가 아니라 가능성을 나타내는 것이지요.

④ 부정적인 확신 표현

A : Who is that guy?　　저 사람 누구야?

B : I think he is our new teacher.　　새로 오신 선생님 같아.

A : He can't be (our new teacher). He looks so young.

　　그럴 리 없어. 매우 어려 보여.

이 문장에서 can't는 '~할 수 없다'와는 다르게 부정적 확신 표현을 하는 경우입니다. 우리말로는 '~일 리 없다'로 해석합니다.

unit 4. 조동사 could의 용법

could는 can의 과거형으로 과거 시점의 능력이나 가능을 나타냅니다. will - would 관계와 마찬가지로 could는 can의 과거형으로 쓰일 때와, 별개의 조동사로서 현재 시점에서 사용될 때가 있습니다.

① 과거에 지니고 있던 능력

When I was young, I could stay up all night and never get tired.

어렸을 때 나는 밤을 새도 전혀 피곤하지 않았다.

She could speak four languages when she was 11.

그녀는 11살일 때 4개 언어를 할 수 있었다.

② 현재 시점에서 현재, 미래에 대한 추측

A : Are you thinking of marrying your boyfriend?

　　너는 남자 친구와 결혼할 생각이 있어?

B : I could (marry my boyfriend).　　할 수도 있어.

결혼할 생각이 있느냐는 질문에 B가 I could라고 대답합니다. 이 could는 과거 시점의 능력을 나타내는 '~할 수 있었다'의 의미가 아니라, 현재 시점에서 앞날에 대한 추측을 보여 줍니다. can의 과거형이 아니라 별개의 조동사로 이해해야 하고, 그 이치는 would 의 경우와 같습니다. 즉, could는 can을 사용할 때보다 가능성의 정도가 낮아서 '그럴 수도 있지 않을까?'라는 뉘앙스를 갖습니다.

한편으로 아래의 could는 현재 시점에서 현재에 대한 추측을 나타냅니다.

A : Where is Sumin?　　　　　　　　수민은 어디 있어?

B : She could be studying at the library.　도서관에서 공부하는 중일걸.

③ 상대에게 요청할 때

Could I have your bill?　　　　계산서를 보여 주실래요?

Could you help me with this?　이것 좀 도와줄 수 있으세요?

의문문으로 상대에게 뭔가를 요청할 때도 could를 사용합니다. will－would의 관계처럼 could는 can보다 공손한 표현입니다.

조동사의 활용 2 – may, shall, must, 조동사+have V-ed

You shouldn't **tell a lie.** 너는 거짓말하면 안 돼

앞에서 will/would, can/could의 쓰임새에 대해 알아보았고, 이번 lesson은 may와 shall, must 차례입니다. 이들 조동사 역시 will, can과 마찬가지로 시제의 영향을 받지 않습니다.

unit 1. 조동사 may, might의 용법

우리말 '~일지도 모른다'는 표현에 가장 잘 맞는 조동사는 may와 might입니다. 어떤 일이 일어날 가능성에 대한 추측이나 판단을 보여 주는데, may는 might보다 상대적으로 뉘앙스가 강합니다.

① 주어에 대한 추측, 가능성을 나타낼 때

A : Where is Suzy?   수지는 어디 있어?

B : I don't know. Ask Jisoo. She may(might) know.

몰라. 지수에게 물어봐. 걔가 알지도 몰라.

I am so bored. I may(might) go to the movies later.

나 너무 따분해. 이따가 영화 보러 갈지도 몰라.

We are stuck in traffic. We may(might) be late for the meeting.

교통이 막히네. 우리는 회의에 늦을지도 모르겠어.　　* stuck : (~에 빠져) 갇힌

위 문장들에는 may와 might를 모두 쓸 수 있습니다. might는 may보다 가능성의 뉘앙스가 약할 뿐 과거가 아닌 현재 시점의 표현입니다.

might를 may의 과거 시제로 설명하는 경우가 있는데, 조동사는 동사 모양을 바꿔 시간을 표현하지 않기 때문에 시제로 분류하지 않아요. 만약 앞의 문장에서 may가 현재 시제, might가 과거 시제라면 오류가 생길 수밖에 없어요. 차가 막히는 건 현재 시점인데, 회의에 늦을지도 모르겠다는 게 '과거'일 수는 없으니까요.

② 허락, 요청을 나타낼 때

상대에게 허락을 구할 때 may와 might를 앞세워 표현할 수 있습니다. '~해도 될까요?' 라는 의미인데, might보다는 may를 흔히 사용합니다.

May(Might) I borrow your car tomorrow?　　내일 당신의 차를 빌려도 될까요?

May(Might) I sit next to you.　　옆에 앉아도 될까요?

상대에게 뭔가를 허용할 때도 may를 사용합니다. '~해도 된다.'라는 의미입니다.

You may download this form from our website.

우리 웹사이트에서 이 양식을 다운받을 수 있습니다.

그런데, 허용을 나타낼 때 may는 쓰고 might는 쓰지 않습니다. 이는 허용 가능성의 문제 때문입니다. 조동사 will과 would의 관계에서 과거형을 쓰면 가능성의 정도가 낮아

진다는 사실을 살펴보았지요. 허락을 나타내는 문장에서 허용 가능성이 떨어지는 조동사 might를 쓴다면 그 자체로 모순인 것입니다.

③ may, might가 들어가는 관용 표현

다른 뾰족한 수, 또는 마땅히 흥미로운 게 없을 때 '~하는 게 낫겠다'라는 관용 표현으로 may/might as well이 있습니다. '차라리 ~하는 게 낫겠다'라는 뉘앙스인데, 이 다음에는 동사 원형이 옵니다.

There is nothing on Youtube. I might as well go to sleep.
유튜브에 별게 없네. 난 잠이나 자야겠다.
They are talking about something we don't know. We might as well leave now.
우리가 모르는 얘기만 할 뿐이야. 당장 나가는 게 좋겠어.

이 밖에도 격식을 갖추는 문장에 may를 앞에 써서 바람을 나타내는 쓰임새가 있습니다. 아래 예문은 〈스타워즈〉의 명대사이지요.

May the force be with you!　　포스가 함께하기를!

unit 2. 조동사 should, shall의 용법

should와 shall은 우리말 '~해야 한다'로 해석되는데, 이 역시 단순히 현재와 과거로 이해해서는 안 됩니다. should는 현재 혹은 가까운 미래에 마땅히 해야 하는 일이나 바람직한 행위를 나타내는 조동사이고, 비슷한 뜻의 shall은 현대 영어, 특히 미국식 영어에서는 잘 쓰이지 않습니다.

① 당위성, 권유를 나타내는 should

A. You should care your health.　　　너는 건강을 신경 써야 해.

B. Should I apologize to him?　　　내가 그에게 사과해야 할까?

A는 마땅히 해야 하는 일, B는 바람직한 행위에 대한 당위를 나타냅니다. 건강에 신경 쓰는 건 마땅히 그래야 할 일이고, 상대에게 사과하는 것 역시 바람직한 일에 속하지요. should의 부정 표현은 should not(shouldn't)입니다.

You shouldn't tell a lie.　　　너는 거짓말하면 안 돼.

should는 상대방에의 조언, 권유에도 쓰입니다. 이러한 쓰임새는 당위성을 나타내는 앞 용법의 연장선상에 있습니다. '마땅히 ~해야 한다'라는 표현이 자연스럽게 상대방에게 하는 조언, 권유로 이어지는 것입니다.

You keep yawning. You should take some rest.

계속 하품 하네. 좀 쉬는 게 좋겠어.

We should leave right now. We are late.

당장 떠나는 게 좋겠어. 우리는 늦었어.

② 강한 믿음, 예상을 나타낼 때의 should

should는 어떤 일이 있을 거라는 강한 예상, 믿음을 보일 때도 사용합니다. '마땅히 그럴 것이다'라는 생각을 나타내는 것이지요.

A : Did you see my cell phone?　　　내 핸드폰 봤어?

B : There should be on the desk.　　　책상 위에 있을 거야.

Sam is a smart student. He should get A+ in this test.

샘은 똑똑한 학생이야. 그는 이번 시험에서 A+를 받을 거야.

③ shall의 용법

shall은 근래에 들어 잘 쓰이지 않지만, 격식을 갖추는 표현에서는 사용됩니다. 공식 문서, 계약이나 규정 등에 쓰이는 경우입니다.

A. Applicants shall provide evidence of their qualifications.

　지원자들은 자격 요건에 대한 증명을 제출해야 한다.

B. Your package shall arrive on Monday.

　당신의 물품은 월요일에 도착할 예정입니다.

직원 모집 서류, 배송 알림 문자에서 볼 수 있는 문장들이지요.

shall은 당위성을 나타내기 때문에 당연할 거라고 여겨지는 앞날을 예측해 B 문장처럼 '~할 것이다'라는 뜻으로 쓰이기도 합니다. will의 용법과 비슷하지만, 단순 미래 표현으로는 shall을 거의 쓰지 않는 추세입니다.

한편으로 shall이 부드러운 제안, 권유를 나타내기도 합니다. 아래 첫 문장은 리처드 기어 주연의 영화 제목으로도 유명하지요.

Shall we dance?　　　　　우리 춤출까요?

Shall I open the door?　　제가 문 열어 드릴까요?

unit 3. 조동사 must의 용법

must는 '~해야 한다'라는 의미로 여태 살펴본 조동사와는 달리 과거형이 없습니다. 왜 그럴까요? 조동사는 상황 판단, 추측 등을 나타내는 역할을 하고, 조동사의 과거형을 썼을 때 그 가능성은 더 낮아진다고 설명했지요. must는 '꼭 ~해야 하기 때문에' 가능성이 높을 수밖에 없으니 과거형이 쓰이지 않는다고 이해하면 될 듯합니다.

should나 shall에 비해 must는 아주 강한 뉘앙스를 가집니다. 따라서 의무나 법칙 같은 필요성을 나타낼 때 사용됩니다.

① 의무, 법칙에 따르는 강한 필요성을 나타낼 때

A. All passengers must wear seat belts.   모든 승객은 안전벨트를 매야 합니다.

B. You must show your ID card.   당신은 신분증을 보여 줘야 합니다.

A는 비행 중, B는 경찰관에게 신분증을 제시하는 등의 상황이지요. 이처럼 뭔가의 필요성을 강하게 나타낼 때 must를 사용합니다.

② 강한 추측을 나타낼 때

From his car, he must be rich.   차를 보니까, 그는 부자임에 틀림없다.

He is so small. He must be no more than 10 years old.

그는 키가 매우 작아. 분명 10살도 안 됐을 거야.

will이 일반적인 예측을 나타낸다면 must는 (논리적인 근거가 분명한) 강한 추측을 표현합니다. must be(~임에 틀림없다)의 형태로 곧잘 쓰이고요.

③ 어떤 일의 불가피성을 나타낼 때

All living creatures must die.   모든 생명체는 죽기 마련이다.

We must eat to live.　　　　　　살려면 먹어야 한다.

must는 상황의 불가피성을 보일 때도 사용합니다. 살아 있는 것들은 언젠가 죽게 되고, 살려면 반드시 먹어야 하는 거의 100%의 당위를 must로 나타냈습니다.

unit 4. 조동사 + have V-ed 표현

조동사는 기본적으로 상황에 대한 판단이나 추측을 하는 장치입니다.

    A. It will rain tomorrow.　　　내일 비가 올 거야.
    B. We shouldn't be friends.　　　우린 친구가 되어서는 안 돼.

A의 will은 현재 시점에서 미래에 대한 추측을, B의 should는 현재 시점에서 현재 상황에 대한 판단을 보여 주지요. 그렇다면 조동사를 사용해 과거에 대한 추측, 판단을 하고 싶을 때는 어떻게 해야 할까요?

① might have p.p. : ~했을지도 모른다.

현재완료형, 즉 have V-ed는 사건이나 동작이 완료된 양상을 나타낸다고 lesson 06에서 설명했습니다. 한편으로 have V-ed에는 선先 시제를 표시하는 기능이 있습니다. 이는 시제를 한 단계 앞으로 당긴다는 의미입니다. 예를 들어 현재 시점이라면 시제를 하나 앞으로 당겨 과거로 표현하는 식이지요.
조동사에는 시제를 적용할 수 없기 때문에 선 시제 표시인 have V-ed를 빌려와서 과거 표현을 합니다. 형태는 조동사 + have p.p.가 됩니다.

A. He **might buy** this cup.　　　그는 이 컵을 살지도 몰라.

B. He **might have bought** this cup.　　그는 이 컵을 샀을지도 몰라.

A의 might buy는 현재 시점에서 나중 일에 대한 추측, 판단을 내립니다. 그에 비해 B는 조동사 might에 선 시제 표시인 have V-ed를 적용해 과거 시점에 대한 추측, 판단을 나타냅니다.

현재완료형 혹은 선 시제 표시인 have p.p.에서 p.p.는 과거분사(past participle)를 뜻하는데, 대개는 have V-ed로 적습니다. 여기서는 암기 편의를 위해 have p.p.로 표시했고요.

② must have p.p. : 틀림없이 ~했을 것이다.

A : I will go on a ten-week trip two weeks later.

　　나는 2주 후에 10주 일정의 여행을 갈 거야.

B : That **must be** fun!　　정말 재미있겠다!

C : I came back on a ten-week trip two weeks ago.

　　나는 2주 전에 10주 일정의 여행을 다녀왔어.

D : That **must have been** fun!　　정말 재미있었겠다!

첫 번째 대화는 must be fun으로 앞날에 대한 화자의 강한 추측, 판단을 내립니다.
그에 비해 두 번째 대화는 must have been fun으로 과거에 대한 강한 추측, 판단을 나타냈습니다.

③ should have p.p. : ~했어야 했다.

A. Harry Potter **should** listen to Doby.   해리 포터는 도비 말을 들어야 해요.

B. Harry Potter **should have listened** to Doby.

해리 포터는 도비 말을 들었어야 해요.

A 문장은 should listen으로 현재 시점에서 주어가 해야 할 일에 대한 당위를 나타냅니다. 그에 비해 B 문장은 should have listened로 과거에 뭔가를 해야 했는데, 하지 않은 데 대한 후회나 안타까움을 표현합니다.

④ could have p.p. : ~했을 수도 있었다.

A. I **could** become a great dancer.   나는 훌륭한 안무가가 될 수도 있어.

B. I **could have become** a great dancer.   나는 훌륭한 안무가가 될 수도 있었어.

A 문장은 could become으로 현재 시점에서 미래에 대한 추측을 나타냅니다. 이때 could는 can을 사용할 때보다 가능성의 정도가 낮아서 '잘하면 그럴 수도 있다'라는 뉘앙스를 가집니다.

그에 비해 B 문장은 could have become으로 과거 시점에 어떤 일이 일어날 수 있었지만, 가능성에 그쳤음을 나타냅니다.

반조동사 표현

I need to **have my car repaired. 나는 차를 수리해야 해**

영어에서 조동사는 lesson 07과 08에서 살펴본 것들이 전부입니다. will/would, can/could, may/might, shall/should, 그리고 must가 있었지요.

그런데 이들 조동사 외에 조동사처럼 쓰이는 표현이 있습니다. have to(~해야 한다), be able to(~할 수 있다), be going to(~할 것이다) 같은 것들이 여기에 해당하는데, 이처럼 순수한 조동사는 아니지만 조동사처럼 뒤따라오는 동사에 어떤 의미를 보태 주는 어휘를 반₊조동사라고 합니다.

조동사와 마찬가지로 반조동사 다음에는 동사 원형이 와야 합니다.

unit 1. have to, ought to

have to와 ought to는 모두 '~해야 한다'라는 뜻입니다.

먼저 have to는 규칙이나 의무로 정해진 것을 해야 할 때, 또는 뭔가를 필요로 하는 상황에 쓰입니다. must와 비슷한 뉘앙스이지요.

> A. We **have to** follow this rule. ← **규칙에 의한 당위**
>
>   = We must follow this rule.   우리는 이 규정을 따라야 한다.
>
> B. He **has to** find another job. ← **필요에 의한 당위**
>
>   = He must find another job.   그는 다른 일자리를 찾아야 한다.

A 문장은 규칙에 의한 당위, B 문장은 필요에 의한 당위를 나타내기 위해 have to가 쓰였습니다.

have to는 순수한 조동사가 아니기 때문에 주어의 인칭이나 수, 시제에 따라 have의 모양이 달라집니다. B에서는 3인칭 단수, 현재형이므로 has to가 되었습니다.

 have to의 회화 표현으로 have got to(~해야 한다)가 있습니다. have got to에서 have를 탈락시키고 got to를 빠르게 발음하여 gotta라고도 하는데, 격식을 갖추는 상황에서 gotta는 쓰지 않는 게 좋습니다.
You gotta do what you gotta do.   네가 해야 할 일은 좀 알아서 해.
You gotta be careful.   너 조심해야 돼.

다음으로는 ought to입니다. 우리말 번역은 '~해야 한다'로 have to, must와 비슷하지만, ought to는 바람직한 상황을 나타내는 뉘앙스가 더 강합니다. should의 쓰임새와 비슷하다고 보면 됩니다.

We **ought to** drink a lot of water everyday.　　우리는 매일 많은 물을 마셔야 한다.
= We should drink a lot of water everyday.

You really **ought to** quit smoking.　　너 진짜 담배 끊어야 돼.
= You really should quit smoking.

● **have to, ought to로 의문문 만들기**

반조동사가 있는 문장을 의문문으로 만들 때는 주의가 필요합니다. 조동사는 의문문에서 문장의 앞으로 나오지만, have to는 순수 조동사가 아니기 때문에 have를 일반동사로 취급해 의문문을 만듭니다. do나 does가 대신 앞으로 나오지요.

그런데 ought to는 have to처럼 do를 활용해 의문문을 만들지 않습니다. ought가 그냥 앞으로 나오면 되는데, 이 형태보다는 should를 많이 쓰기는 합니다.

Do I have to go now?　　　　저 지금 가야 하나요?

= Must I go now?

Ought I to call the police?　제가 경찰을 불러야 할까요?

= **Should** I call the police?

● have to, ought to의 과거와 부정 표현

have to의 과거형은 have의 과거인 had를 써서 had to로 표현합니다. 그리고 부정 표현은 don't have to로 '~할 필요가 없다'라는 의미입니다.

have to가 '~해야 한다'라는 의미라서 부정 표현이 '~하면 안 된다'라고 생각하기 쉬운데, '~하면 안 된다'를 표현할 때는 must not이나 should not을 사용하는 것에 주의하기 바랍니다.

She had to wear a dress because she had an important party.

중요한 파티가 있었기에 그녀는 드레스를 입어야 했다.

We don't have to follow this rule.　　우리는 이 규정을 따를 필요가 없다.

They didn't have to study hard.　　그들은 열심히 공부할 필요가 없었다.

ought to의 부정 표현은 ought not to입니다. must와 should의 부정 표현이 must not, should not인 것처럼 ought를 조동사로 취급해 ought not to로 표현합니다. 그리고 must와 마찬가지로 ought to에는 과거형이 없습니다.

We ought not to join this party.　　우리는 이 무리에 들어가서는 안 돼.

You ought not to speak to your mother like that.

너는 엄마한테 그렇게 말하면 안 돼.

unit 2. be about to, be able to

이번에는 be about to와 be able to에 대해 알아보겠습니다.

먼저, be about to는 '막 ~하려 하다'라는 의미입니다. about는 본래 '~ 근처에, ~ 주변에'라는 뜻입니다. 따라서 about를 '막 ~하려는 근처'의 뜻으로 보면 이해가 쉬울 듯합니다.

The concert **is about to** start.   콘서트가 막 시작되려 한다.

We **are about to** have some drink. Do you want to come?

우리 막 한잔하려고 하는데, 너도 갈래?

I **was about to** leave the office but my boss called me.

막 퇴근하려고 하는데, 상사가 나를 불렀다.

be able to는 '~할 수 있다'라는 뜻으로 can과 비슷합니다. 주어가 현재 가지고 있는 능력을 나타내지요.

I **am able to** speak English.   나는 영어를 말할 수 있다.

= I can speak English.

● be able to로 의문문, 과거 표현 만들기

be able to를 의문문으로 표현하는 경우는 드뭅니다. be able to 대신에 can을 사용하는 게 일반적입니다.

Are you **able to** speak English?

→ **Can** you speak English?   영어할 수 있어?

be able to의 과거형은 was/were able to이지요. 주어가 과거 시점에 어떤 행위를 할 능력이 있고 실제로 그 일을 해냈을 때 사용하는데, 이 경우에 could는 쓰이지 않습니다. 아래 두 문장을 비교해 보기 바랍니다.

I **was able to** buy this house.   나는 이 집을 살 수 있었다. ← **실제로 샀음**
I **could** buy this house.   나는 이 집을 살 수 있었다. ← **실제로는 못 샀음**

집을 살 능력이 있었고, 실제로 집을 산 행위까지 표현하려면 was able to buy로 표현해야 하는 거지요.

unit 3. used to

used to는 과거에 '~하곤 했다'라는 의미로 '현재는 하지 않는다'라는 게 포인트입니다. 과거 시점에 머무르는 표현일 뿐 현재에는 적용되지 않는 것이지요.

I **used to** play the violin when I was little. 나는 어렸을 때 바이올린을 켜곤 했다.
She **used to** eat meat, but now she is a vegetarian.
그녀는 고기를 먹곤 했지만, 현재는 채식주의자다.
There **used to** be a large park over there.   저기에 큰 공원이 있었다.

이 세 문장은 모두 과거에 있었던 행동이나 사실을 말합니다. 당연히 마지막 문장의 '공원'은 현재 존재하지 않습니다.
used to의 부정 표현은 didn't used to 혹은 didn't use to이고, 의문 표현은 Did + 주어 + used/use to입니다. used to 대신에 use to를 써도 되는데, 이는 문법적으로 과거형의 중복을 피하기 위해서입니다. used to의 느낌을 나타내기 위해 이대로 쓰는 게 좀 더 일반적이기는 하고요.

You **didn't used(use)** to say like this.　너 예전에는 이런 식으로 말하지 않았는데.

Did this building **used(use) to** be a hospital?

이 건물은 예전에 병원이었나요?

be(get) used to + V-ing는 '~하는 것에 익숙하다'라는 의미입니다. 앞에 be 동사가 없는 used to 용법과 구분하기 바랍니다. be used to + V(~하는 데 사용되다)와도 구별하고요.

I am used to living alone.　나는 혼자 사는 것에 익숙해.

Milk is used to make cheese.　우유는 치즈를 만드는 데 사용된다.

unit 4. dare to, need to

● dare (to) : 감히 ~할 수 있다

dare는 '감히 ~할 수 있다, ~할 엄두를 내다'라는 의미로 can과 비슷한 듯하면서도 다릅니다. dare (to)는 용기를 필요로 하는 경우, 즉 위험이 따르거나 무모한 일, 또는 어리석은 일을 할 때 쓰이는 표현입니다.

Do you **dare (to)** tell him the news?　너 그에게 이 소식을 말할 수 있어?

No one **dares (to)** say the word 'Voldmort'.

어느 누구도 '볼드모트'라는 말을 할 용기가 없다.

이 두 문장은 dare가 일반동사로 사용된 경우입니다. dare to + 동사 원형, 혹은 to 없이 dare + 동사 원형으로 표현할 수 있습니다.

그에 비해 부정문, 의문문에서는 dare가 조동사로 사용됩니다. 따라서 순수 조동사와 마찬가지로 부정형은 dare not(daren't), 의문문에서는 dare를 앞세웁니다.

I **daren't** go home because I got bad grades in the test.
시험 성적이 나빠서 집에 갈 엄두가 나지 않는다.

Dare we accept his offer?   우리가 그의 제안을 감히 받아들일 수 있을까?

'How dare you + 동사 원형?'은 '어떻게 네가 ~할 수 있어?'라는 의미입니다. 상대방의 말, 행동에 화가 치밀 때 유용한 표현이지요.

How dare you speak to me like that?   어떻게 네가 나한테 그렇게 말할 수 있어?

 TIPS 불쾌한 감정부터 드러낼 때는 How dare you!를 단독으로 쓸 수도 있습니다. "네가 감히 어떻게!"라는 의미로 해외 드라마에서 이따금 들리는 표현이지요.

● **need to : ~할 필요가 있다**
'~할 필요가 있다'로 해석되는 need (to)는 어떤 행위의 중요성, 필요성을 나타내는 표현입니다. 의무감의 정도를 따지자면 have to와 큰 차이는 없습니다. 부정형은 need not to를 쓰면 되고요.

We still **need to** wear masks outdoor.
우리는 여전히 밖에서 마스크를 써야 한다.

I **need to** have my car repaired.   나는 차를 수리할 필요가 있다.

You **need not to** have your car repaired.   당신은 차를 수리할 필요가 없다.

unit 5. be to

be to + 동사 원형은 예정, 의무, 가능성, 조건 등등 다양한 뜻을 가지는데, 회화 영어에서는 그리 쓰이지 않고 격식을 갖춘 문장에 주로 사용됩니다.

기존 문법에서는 be to를 to 부정사의 형용사적 용법으로 분류해 가르치곤 합니다. 하지만 be to는 쓰임새에서 조동사가 주는 뉘앙스와 비슷하기 때문에 반조동사로 다루는게 맞다고 할 수 있습니다.

be to 용법은 아래 5가지 중 하나로 해석하면 되는데, 형식이 be to + V로 모두 같으므로 먼저 문맥을 살핀 후에 어느 용법에 해당하는지를 떠올리면 됩니다.

① 예정을 나타내는 be to (= be going to)

The President is to visit Spain next month.

대통령은 다음 달 스페인을 방문할 예정이다.

The train was to leave at 10 a.m.   열차는 10시에 떠날 예정이었다.

② 의무를 나타내는 be to (= ought to)

You are not to tell anyone about this.   이것에 대해 누구에게도 말하면 안 돼.

Nobody is to leave this room!   누구도 이 방을 나가지 못해!

③ 불가피성, 운명을 나타내는 be to (= must)

Living creatures are to die.   생명체는 죽기 마련이다.

④ 가능성을 나타내는 be to (= can)

No one is to be seen on the street.   거리에 한 사람도 보이지 않는다.

⑤ if 절에서 조건을 나타내는 be to

If you are to finish it by lunchtime, you had better hurry.

그걸 점심때까지 끝내려면 서두르는 게 낫다.

If we are to get there in time, we have to leave now.

제시간에 그곳에 가려면 우린 지금 출발해야 해.

unit 6. had better / would rather

우리말로는 똑같이 번역되는데, 영어에서는 속뜻이 좀 다른 경우가 있습니다. 앞에서 살펴본 will과 be going to, must와 should 등이 그랬고 trust와 believe 같은 동사도 그렇습니다. 이들 단어는 똑같이 '믿다'로 번역되지만, trust는 상대를 신뢰한다는 측면에서 믿는 것이고, believe는 (유령의 존재를 믿듯이) 어떤 사실을 실제로 있었던 일로서 믿는다는 뉘앙스가 강합니다.

지금 소개하는 had better와 would rather라는 표현도 마찬가지입니다. 한국어로는 똑같이 '~하는 게 낫다'인데, 뉘앙스는 좀 다릅니다.

A. You look pale. You **had better** see a doctor.

B. You look pale. You **would rather** see a doctor.

안색이 창백해. 의사 진료를 받는 게 나아.

먼저 had better + 동사 원형은 그 행위를 하지 않을 경우에 생길 부정적인 결과를 전제로 합니다. 즉, A 문장은 의사 진료를 받지 않으면 상태가 더 나빠지는 등의 결과가 나올 수 있다는 걸 암시합니다.

그에 비해 would rather는 선택 가능한 여러 일 가운데 하나를 권하는 경우에 쓰입니다. 즉, B 문장은 집에서 한숨 푹 자거나 약국에서 약을 사먹을 수도 있는 등의 여러 선택지 중에 병원에 가는 게 더 낫다는 것을 의미합니다.

had better의 부정 표현은 had better not입니다.

You **had better not** talk to your father like that.
그런 식으로 아빠에게 말하면 안 된다.(안 그러면 혼날 줄 알아!)
We **had better not** tell James about his computer. He will go mad.
컴퓨터에 대해 제임스에게 말하지 않는 게 좋아. 그가 몹시 화낼 거야.

would rather 문장에서 비교하는 대상을 넣을 때는 would rather A than B 형식으로 표현합니다. 그리고 I would rather, We would rather의 줄임말은 I'd rather, We'd rather입니다.

I **would rather** have tea **than** coffee. I don't feel so good.
커피보다는 차를 마시겠어. 속이 별로 좋지 않거든.
It's raining outside. I**'d rather** play computer games at home.
밖에 비 오네. 집에서 게임이나 하는 게 낫겠다.

■ **괄호에 적절한 조동사나 반조동사를 고르세요.**

1. Smoking (can, might) cause cancer. You have to stop smoking.

   흡연은 암을 유발할 수 있어. 넌 담배 끊어야 해!

2. I put him in jail. Why (will, would) I be scared of that guy?

   내가 그를 감옥에 넣었어. 왜 내가 그를 두려워하겠어?

3. I (must, could) have mistaken my girlfriend for some girl.

   나는 다른 여자를 여자 친구로 착각한 게 틀림없어.

4. You (should, would) have told me you were coming.

   네가 온다고 내게 말해 주지 그랬어.

5. I knew we would be late. We (used to, had to) leave early.

   난 우리가 늦을 줄 알았어. 우린 일찍 출발해야 했어.

6. From the way he dresses, he (must, should) be rich.

   옷 입은 걸 보니 그는 부자임에 틀림없다.

7. Without you, I never (would, must) have come here.

   네가 없었다면 난 여기까지 오지 못했을 거야.

8. What were you doing? You (could, should) have been killed!

   뭐했던 거야? 너는 죽을 뻔했어!

9. It (might, will) sound crazy, but I think I (may, can) see a ghost.

   미친 소리처럼 들리겠지만, 나는 유령을 볼 수 있는 것 같아.

10. You (had better, would rather) talk to your teacher.

   네 선생님에게 말하는 게 좋아. (안 그럼 큰일 나)

능동태와 수동태

Paper is made **from trees.** 종이는 나무로 만들어진다

수동태passive voice는 주어가 어떤 일을 당한다는 의미의 문장이고, 반대로 능동태active voice는 주어가 어떤 일을 스스로 한다는 것이지요.

사실 수동태는 영어가 어려운 게 아니라 우리말 변환이 까다로운 측면이 있습니다. 우리말은 영어만큼 수동태 표현을 많이 쓰지 않아서 익숙하지 않은 것이지요.

　I was born in Seoul in 2000.　　나는 서울에서 2000년에 태어났다.

우리말 '태어나다'에 해당하는 영어는 없습니다. '낳아지다'라는 단어도 딱히 없어서 bear(낳다)의 수동태 be born이 표현을 대신하는데, '낳아지다 → 태어나다'로 한 번 돌려서 생각해야 하니까 익숙해지는 데 어려움을 느끼는 것입니다.

unit 1. 수동태, 능동태는 무엇에 중점을 두는지에 따른다

　A. The hunter **shot** a tiger.　　　　사냥꾼이 호랑이를 쏘았다.
　B. A tiger **was shot** by the hunter.　호랑이가 사냥꾼의 총에 맞았다.

A는 주어가 어떤 행위를 하는지를 중점으로 묘사한 반면에(능동태), B는 주어가 어떤 상태인지를 중점으로 묘사했습니다.(수동태) 다시 말해, A 문장은 '사냥꾼이 총을 쏘았다'라

는 행위가 중요한 것이고, B 문장은 '호랑이가 총에 맞은 상태'가 중요하며 누가 쏘았는지는 그다음 문제라고 할 수 있습니다. 이처럼 주어의 행위와 상태 중에 무엇에 중점을 두는지에 따라 능동태와 수동태로 갈립니다.

수동태의 동사 모양은 be 동사 + V-ed(과거분사)입니다.

A. Cats eat rats.　　　　　　　고양이는 쥐를 먹는다. ← **능동태**

B. Rats **are eaten** by cats.　　쥐는 고양이에게 먹힌다. ← **수동태**

A는 주어 Cats를 중심으로 행위를 강조하는 능동태 문장입니다. 이것을 행위의 대상이 되는 목적어 Rats를 중심으로 상태를 강조하는 수동태로 만든 게 B 문장이지요.

목적어 rats가 주어 자리로 오면서 동사 모양이 be 동사 + V-ed로 바뀌고, 원래 주어였던 cats는 'by + 행위자' 형태로 문장 끝에 옵니다.

말하기 영어에서 능동태의 비중은 수동태보다 훨씬 높지만, 글쓰기 영어에서 수동태의 비중은 20~30% 정도로 꽤 올라가요. 영어에 능숙해지려면 꼭 극복해야 하는 문장 형식이 바로 수동태이지요.

● **수동태에서 by + 행위자를 남기지 않는 경우**

수동태 문장에서 by + 행위자가 늘 따라오는 것은 아닙니다.

행위자를 표시하지 않는 이유는 1. 행위자가 누군지 몰라서, 2. 행위자가 중요하지 않아서, 혹은 행위자가 너무 당연해서입니다.

아래 문장들은 모두 수동태로 쓰였지만, by + 행위자가 오지 않습니다.

A. My wallet was stolen.　　　　　내 지갑을 도둑맞았다.

　　The bank was robbed yesterday.　은행이 어제 털렸다.

B. Our plan was changed. 우리 계획은 바뀌었다.

He was fired. 그는 해고당했다.

Pineapples are grown in Hawaii. 파인애플은 하와이에서 재배된다.

A 문장들이 행위자를 언급하지 않은 이유는 '누가 그랬는지' 모르기 때문입니다. 지갑을 도둑맞았다는 사실을 알 뿐 누가 훔쳤는지, 누가 은행을 털었는지 알 수 없으니까 행위자를 표시하지 않았습니다.

한편 B 문장들은 행위자가 딱히 중요하지 않거나, 너무 당연해서입니다. 예컨대 계획이 바뀐 게 중요하지, 누가 바꿨는지는 중요하지 않은 것입니다.(아마 자기네가 바꾸었겠지요.) 그를 해고한 행위자 역시 불난 집에 기름을 부어가면서까지 '누가 그를 잘랐는지' 언급할 필요는 없을 것입니다. 마지막으로, 하와이에서 파인애플을 재배하는 사람은 당연히 하와이에 사는 농부들이겠지요.

unit 2. 시제가 적용된 수동태

수동태에도 시제와 상aspect이 적용될 수 있습니다. will, can, should, must 같은 조동사와도 함께 쓰이고요.

앞의 예문에서 알 수 있듯이 현재 시제는 am/are, is + V-ed, 과거 시제는 was/were + V-ed로 표현합니다. 그리고 미래에 대한 추측이나 판단을 나타내는 조동사와 함께 쓰이면 조동사 + be V-ed 형태가 됩니다.

① 현재 시제 수동태

This building is cleaned by the janitor every morning.

이 건물은 매일 아침 관리인에 의해 청소된다.

Paper is made from trees. 종이는 나무로 만들어진다.

② 과거 시제 수동태

The island was discovered by William in 1719.

이 섬은 1719년에 윌리엄에 의해 발견되었다.

I was bitten by the dog at a park.　　공원에서 개한테 물렸어.

③ 조동사 + 수동태

The death penalty will be abolished by the government.

사형제는 정부에 의해 폐지될 것이다.

These glass bottles must be recycled.　　이 유리병들은 재활용되어야 한다.

unit 3. 상이 적용된 수동태

사건이나 사물의 양상을 나타내는 상aspect에는 두 가지가 있었지요? be 동사 + V-ing 로 표현되는 진행형과 have + V-ed로 표현되는 완료형입니다.
진행형이 적용된 수동태는 be being V-ed, 그리고 완료형이 적용된 수동태는 have been V-ed입니다. 각각 '~되고 있다', '~되어 왔다' 정도로 해석하면 되는데, 우리말 은 수동태를 능동태로 번역했을 때 더 자연스러운 경우가 많습니다.

① 현재진행 수동태

The workers are fixing my car.

→ My car is being fixed by the workers.

내 차가 정비공들에 의해 수리되는 중이다.

Her subject is being discussed by many historians.

그녀의 주제는 많은 역사학자들에 의해 논의되고 있다.

② 과거진행 수동태

The boy was throwing the stone.

→ The stone was being thrown by the boy.

그 돌은 소년에 의해 던져지고 있었다.(소년은 돌을 던지고 있었다.)

The new film was being watched by them.

그들은 새로운 영화를 보는 중이었다.

③ 현재완료 수동태

He has written many books.

→ Many books have been written by him.

많은 책이 그에 의해 쓰였다.

The man has been caught by the police.　　그 남자는 경찰에 붙잡혔다.

④ 과거완료 수동태

He had lost the key.

→ The key had been lost.　　열쇠가 분실되었다.

This city had been defended by the hero.

이 도시는 그 히어로에 의해 보호받고 있었다.

다양한 수동태 문장 표현

I was left alone. 나는 홀로 남겨졌다

영어는 행위자와 대상어 중 무엇을 중점으로 묘사하는지에 따라 능동태, 수동태의 문장 형식이 결정된다고 설명했습니다.

한 문장 안에는 대상어가 두 개인 경우도 있는데, 이때는 수동태 문장도 두 가지로 만들 수 있습니다. 수여동사가 쓰이는 문장이 바로 그렇습니다.

unit 1. 수여동사 문장을 수동태로 바꾸기

수여동사는 간접목적어와 직접목적어, 이 두 개를 받는 동사이지요.

He teaches us English.   그는 우리에게 영어를 가르친다.

이 문장에서 수여동사 teach가 간접목적어 us, 직접목적어 English를 이끄는데, 두 목적어 중 어느 것을 주어로 삼는지에 따라 수동태 형식이 달라집니다.

● 간접목적어가 주어로 오는 수동태
간접목적어를 주어로 하는 수동태는 be 동사 + V-ed 형태로, 앞에서 살펴본 일반적인 수동태 형식과 딱히 다르지 않습니다.

He teaches **us** English.

→ **We** are taught English by him.　　우리는 그에게 영어를 배운다.

간접목적어 us가 주어 자리로 와서 We가 되고, 직접목적어 English는 변화가 없습니다. 원래 주어였던 he는 by + 행위자(목적격)가 되어 문장 마지막에 오고요.

● **직접목적어가 주어로 오는 수동태**

직접목적어를 주어로 하는 수동태 역시 동사 모양은 be 동사 + V-ed입니다.
다만 간접목적어 앞에 전치사가 오는데, 이는 수여동사 문장에서 목적어 2개의 자리를 앞뒤로 바꿀 때와 마찬가지입니다. 즉, 간접목적어에 해당하는 to us는 그대로 두고 처음의 주어는 by + 행위자로 표시합니다.

He teaches us **English**.　　　　**[간접목적어 + 직접목적어]**

→ He teaches English **to us**.　　**[직접목적어 + 전치사 + (간접)목적어]**

→ **English** is taught to us by him.　**[수동태]**

　　영어는 그에 의해 우리에게 가르쳐진다.

unit 2. 간접목적어가 주어로 오지 못하는 수동태

수여동사 문장을 수동태로 바꿀 때 주의해야 할 게 있습니다. 똑같은 수여동사라도, 두 목적어가 모두 주어로 올 수 있는 경우가 있는가 하면 간접목적어가 주어로 올 수 없는 경우도 있기 때문입니다. 먼저 간접목적어와 직접목적어, 둘 모두가 주어로 올 수 있는 수동태부터 보겠습니다.

● 간접목적어와 직접목적어 모두 주어로 오는 수동태

동사 give는 간접목적어와 직접목적어가 모두 수동태 문장의 주어로 올 수 있는, 대표적인 수여동사입니다.

I gave her some money.　　나는 그녀에게 얼마간의 돈을 주었다.

→ **She** was given some money by me.　**[간접목적어가 주어]**

그녀는 나에게 얼마간의 돈을 받았다.

→ **Some money** was given **to her** by me.　**[직접목적어가 주어]**

얼마간의 돈이 나에 의해 그녀에게 주어졌다.

간접목적어가 주어로 오는 경우에 직접목적어에는 변화가 없습니다. 하지만 직접목적어가 주어로 오면 간접목적어 앞에 전치사를 꼭 넣어야 합니다.(to her)

마찬가지로 offer, send, show, tell 등도 수동태에서 간접·직접목적어가 모두 주어로 올 수 있습니다.

We offered her a good job.　　우리는 그녀에게 괜찮은 일을 제안했다.

→ **She** was offered a good job by us.　**[간접목적어가 주어]**

그녀는 우리로부터 괜찮은 일을 제안받았다.

→ **A good job** was offered **to her** by us.　**[직접목적어가 주어]**

괜찮은 일이 우리에 의해 그녀에게 제안되었다.

● 간접목적어가 주어로 올 수 없는 수동태

직접목적어는 주어로 오지만, 간접목적어를 주어로 내세워 수동태로 표현할 수 없는 경우가 있습니다. buy와 make 같은 혜택 수여동사가 대표적입니다.

He bought his mother some flowers.　　그는 엄마에게 꽃을 사주었다.

→ **Some flowers** were bought **for his mother** by him. **[직접목적어가 주어]**

　꽃은 그의 엄마를 위해 그로부터 구매되었다.

→ His mother was bought some flowers by him. (×) **[수동태 불가능]**

buy는 혜택 수여동사로서 직접목적어인 some flowers가 동사의 영향을 '직접적으로' 받습니다. 따라서 꽃의 입장에서 구매되는 상태(were bought)를 나타낼 수 있습니다. 하지만 간접목적어인 his mother를 주어로 하는 수동태는 불가능합니다. 왜 그럴까요? 전달이 목적인 give, offer, tell 같은 수여동사는 언제나 상대방을 전제로 합니다. 반면에 혜택 수여동사 buy는 늘 상대가 있어야 하는 것은 아니지요. 수동태의 주어로 그 상대방이 오지 못하는 이유입니다.

혜택 수여동사 make의 경우도 마찬가지입니다.

She made me a paper rose.　　그녀는 내게 종이장미를 만들어 주었다.

→ **A paper rose** was made **for me** by her. **[직접목적어가 주어]**

　종이장미는 나를 위해 그녀에 의해 만들어졌다.

→ I was made a paper rose by her. (×) **[수동태 불가능]**

make가 항상 상대를 위해 뭔가를 만든다는 의미를 가지는 게 아니기 때문에 직접목적어는 수동태의 주어로 쓰이지만, 간접목적어는 주어로 쓸 수 없습니다.

사실 수동태가 불가능한 문장은 우리말 번역을 보더라도(I was made ~) 문장이 아주 어색해지기는 합니다.

unit 3. 복합 타동사 문장을 수동태로 바꾸기

복합 타동사는 두 개의 대상어를 이끌고, 이 둘이 서로 관계를 가지는 경우였지요. 복합 타동사가 들어간 문장 역시 수동태로 바꿀 수 있습니다.

I believe **him** dead.   난 그가 죽었다고 믿어.

→ **He** is believed dead.   그는 죽었다고 여겨진다. **[수동태]**

목적어였던 him이 주어 자리에 오면서 동사 모양이 believe에서 is believed로 바뀌었습니다. 이때 him의 상태를 나타내는 형용사 dead에는 변화가 없습니다.
복합 타동사로 쓰이는 judge, presume, call, leave 등도 마찬가지입니다.

We judged **her** a great teacher.   우리는 그녀를 뛰어난 선생님이라고 판단했다.

→ **She** was judged a great teacher. 그녀는 뛰어난 선생님이라고 판단된다.

The court presumed **him** innocent.   법원은 그를 무죄라고 여겼다.

→ **He** was presumed innocent.   그는 무죄라고 여겨졌다.

They left **me** alone.   그들은 나를 홀로 남겨 두었다.

→ **I** was left alone.   나는 홀로 남겨졌다.

이들 수동태 문장에는 by + 행위자가 오지 않습니다. 행위자가 중요하지 않거나, 혹은 누구인지가 당연해서이지요.

unit 4. 수동태로 굳어진 표현들

원래는 목적어를 취하는 타동사이지만, 수동태로 흔히 사용되는 동사가 있습니다.
base는 타동사로 base A on B(A를 B의 기반으로 하다)라는 구조를 갖는 동사입니다. 그런데 이보다는 주로 A be based on B라는 수동태로 쓰입니다.

The film **is based on** this novel.　그 영화는 이 소설을 기반으로 한다.

이처럼 수동태로 굳어진 표현으로 be inclined to(~하는 경향이 있다), be located in(~에 위치해 있다), be obliged to(~할 권한이 있다) 등이 있습니다.

Jenny is inclined to be lazy.　제니는 게으른 경향이 있다.
The post office is located in the town.　우체국은 마을에 위치해 있다.
Doctors are obliged to take precautions.　의사는 처방을 내릴 권한이 있다.

unit 5. 수동태로 쓰일 수 없는 동사

자동사와 연결동사는 수동태로 쓰일 수 없습니다.
자동사는 그 자체로 온전한 의미를 지니기 때문에 목적어가 오지 않지요. 연결동사도 주어와 주어의 상태를 나타내는 어구를 연결시키는 역할을 할 뿐 동사의 영향을 받는 목적어를 이끌지 않습니다. 그런 이유로, 동사의 영향을 받는 목적어를 주어로 하는 수동태에는 자동사와 연결동사가 올 수 없습니다.
대표적인 자동사 ache(아프다), disappear(사라지다)를 예로 보겠습니다.

My head **aches** so bad.　머리가 너무 아파.

→ My head **is ached** so bad. (×)   내 머리가 너무 아파졌다. **[수동태 불가능]**

자동사 disappear도 마찬가지이고, 그 밖에 stay, look 같은 연결동사도 수동태로는 쓰일 수 없습니다.

A girl disappeared suddenly.   한 소녀가 갑자기 사라졌다.

→ A girl **was disappeared** suddenly. (×) **[수동태 불가능]**

You look pretty without your glasses.   안경 벗으니까 예뻐 보인다.

→ You **are looked** pretty without your glasses. (×) **[수동태 불가능]**

우리말 '(마음이) 아파지다'라는 표현이 가능하니까 동사 ache의 수동태가 가능할 것도 같은데, 영어에서는 틀렸어요. ache는 그 자체로 '아프다'라는 주어의 상태를 나타내기 때문에 수동태로는 쓰이지 않아요.

● **타동사이지만, 수동태로 쓰일 수 없는 경우**

수동태에 쓰이는 동사는 목적어를 취하면서 동시에 목적어에 영향을 주는 타동사여야 합니다. 그런데 모든 타동사가 목적어를 취하지만, 그 모두가 목적어에 영향을 주는 것은 아닙니다.

I resemble my father.   나는 아빠를 닮았다.

→ My father **is resembled** by me. (×) **[수동태 불가능]**

resemble은 뒤에 목적어 my father가 오는 타동사입니다. 하지만 my father를 주어로 내세워 수동태로 표현할 수는 없습니다. 내가 아빠를 닮기는 했어도 아빠에게 어떤 영향을 주는 것은 아니기 때문입니다.

이처럼 목적어를 취하지만 목적어에 영향을 주지 않는 타동사에는 have, cost, weigh 등이 있습니다. 이것들은 아래처럼 능동태로만 쓰입니다.

The company **has** the most expensive hotel. ← **능동태**

이 회사는 가장 비싼 호텔을 가지고 있다.

This computer **costs** $500.　　　　이 컴퓨터는 가격이 500 달러이다.

These watermelons **weigh** 20kg.　　이 수박들은 무게가 20kg이다.

unit 6. 행위자를 표현할 때 by가 아닌 경우

수동태 문장에서 행위자를 표시할 때 전치사 by를 사용한다고 했습니다. 하지만 모든 수동태가 by를 통해 행위자를 표현하지는 않습니다.

① 전치사 at을 사용하는 경우

감정을 나타내는 동사가 수동태에 사용될 때는 감정의 원인 앞에 전치사 at을 사용합니다. 이것들은 하나의 묶음 표현으로 외우는 게 좋습니다.

be disappointed at : ～에 실망하다　　be delighted at : ～에 기뻐하다

be surprised at : ～에 놀라다

I was disappointed at the test result.　나는 시험 성적 때문에 실망했다.

She was delighted at the letter.　　　그녀는 그 편지에 기뻐했다.

We were so surprised at the news.　　우리는 그 소식에 엄청 놀랐다.

② 전치사 with를 사용하는 경우

아래의 수동태에는 모두 전치사 with가 쓰였는데, 세 표현의 공통점은 '무엇으로 차 있는' 느낌을 준다는 점입니다. 우리말에도 '~로 가득 차다'라는 표현이 있듯이 이때는 전치사 with를 사용합니다.

> be filled with : ~로 가득 차있다   be covered with : ~로 덮여 있다
>
> be pleased/satisfied with : ~에 만족하다

> The mountain is covered with snow.   그 산은 눈으로 덮여 있다.
>
> His eyes were filled with tears.   그의 눈은 눈물로 가득했다.
>
> Banner is pleased(satisfied) with his medical results.
>
> 배너는 그의 건강검진 결과에 만족한다.

③ 전치사 about, over를 사용하는 경우

걱정, 우려 같은 의미를 지니는 동사에는 전치사 about나 over가 잘 어울립니다.

> be worried about(over) : ~에 대해 걱정하다
>
> be concerned about(over) : ~에 대해 걱정하다

> I am so concerned about his health.   나는 그의 건강이 참 걱정된다.
>
> I am so worried over my little brother.   나는 내 남동생이 정말 걱정된다.

④ 전치사 to를 사용하는 경우

expose(~를 드러내다), dedicate(~를 바치다), addict(~를 중독시키다) 같은 동사는 어떤 대상 쪽으로 다가가는 방향성을 가집니다. 여기에는 전치사 to를 사용합니다.

be exposed to : ~에 노출되다   be dedicated to : ~에 전념하다

be addicted to : ~에 중독되다

He is addicted to nicotine.   그는 니코틴에 중독되어 있다.

I am dedicated to helping poor children.   나는 가난한 아이들을 돕는 데 전념한다.

My skin was exposed to light and it turned red.

내 피부가 빛에 노출되어 발갛게 변했다.

⑤ 전치사 in을 사용하는 경우

locate(~를 위치시키다), interest(~의 관심을 끌다), involve(~를 참여시키다) 같은 동사는 어떤
장소에 있거나 특정 대상에 빠지는 것을 나타냅니다. 이런 의미를 지닌 동사가 수동태로
쓰일 때는 전치사 in을 사용합니다.

The company is located in our city.   그 회사는 우리 도시에 위치해 있다.

She is interested in cosmetic.   그녀는 화장품에 흥미가 있다.

He is involved in his work.   그는 작업에 몰두하고 있다.

REVIEW TEST 04

■ <u>괄호 안의 동사를 수동태 형태로 바꾸세요.</u>

1. The test was not difficult, but I (disappoint   ) at my scores.

   시험은 어렵지 않았지만, 나는 내 점수에 실망했다.

2. There are so many traffics. I think the bridge (build   ).

   차가 진짜 막히네. 다리가 지어지는 중인 거 같아.

3. I (bite   ) by mosquitos in the woods. It's so itchy.

   숲에서 모기한테 물렸어. 너무 가려워.

4. He got drunk and made mistakes. He (see   ) by more than 10 people.

   그는 취해서 실수를 저질렀다. 10명이 넘는 사람들이 그를 봤다.

5. He (give   ) an opportunity to go abroad as an exchange student.

   그는 교환 학생으로 해외에 갈 기회를 얻었다.

■ <u>괄호에 적절한 전치사를 보기에서 찾아 넣으세요.</u>

   <at, with, by, to, about>

6. The mountain is covered (   ) snow.

   그 산은 눈으로 덮여 있다.

7. I am so concerned (   ) his health.

   나는 그의 건강이 참 걱정된다.

8. We are taught Spanish (   ) him.

   우리는 그에게 스페인어를 배운다.

09. We were so surprised (   ) the news.

   우리는 그 소식에 엄청 놀랐다.

10. I am dedicated (   ) helping poor children.

   나는 가난한 아이들을 돕는 데 전념한다.

현재분사와 과거분사

They got married **last month.** 그들은 지난달에 결혼했다

unit 1. 분사란 도대체 뭘까?

우리말에서 동사가 명사를 꾸밀 때는 동사의 형용사형을 사용하지요. '울다 + 아기'를 '우는 아기', 또는 '울고 있는 아기'로 표현하는 것입니다. 과거형으로 명사를 꾸밀 때는 '깨진 창문'처럼 활용하고요.

영어 또한 동사의 모양을 바꿔 뒤에 오는 명사를 꾸미는데, 명사와 동사의 관계가 능동인지 수동인지, 또는 진행인지 완료인지에 따라 동사 모양이 달라집니다.

    A. a crying baby   우는 아기 ← **능동, 진행**

    B. a broken window   깨진 유리창 ← **수동, 완료**

A는 아기가 우는 행위를 직접 한다는 의미일 때, 그리고 '울고 있는 아기'라는 뜻으로 현재 진행 중이라는 의미를 나타낼 때도 동사에 ing를 붙입니다.

B 역시 두 가지 의미를 지닙니다. 수식을 받는 창문의 입장에서는 깨뜨리는 행위를 당하는 거지요. 즉, 수동의 모양새가 되며 이때 동사는 V-ed 형태를 취합니다. 또한 이미 끝나 버린 완료의 의미를 나타내기도 합니다.

이와 같이 동사의 모양을 바꿔 형용사처럼 활용하는 것을 '분사分詞, participle'라고 합니다. 역할을 나누어(分) 쓰는 품사로 이해하면 될 듯합니다.

능동, 진행의 의미일 때 동사에 ing를 붙인 형태를 '현재분사'라고 하며 수동, 완료의 의

미일 때 동사의 V-ed 형태를 '과거분사'라고 합니다.

Look at the **sleeping** puppy.　　자고 있는 강아지를 봐. ← **현재분사**

The **crying** baby is my son.　　울고 있는 아기는 내 아들이야.

I am going to buy **limited** edition shoes. ← **과거분사**

나는 한정판 신발을 사러 갈 거야.

Watch out for the **broken** window.　　깨진 창문을 조심해.

우리가 형용사로 알고 있는 interesting(재미있는)은 사실 동사 interest의 '분사'입니다. 명사를 꾸미며 형용사 역할 따위를 하는 동사가 분사인데, 여기에 현재분사와 과거분사가 속하는 거지요.

unit 2. 현재분사와 ing 절은 어떻게 다를까?

동사에 ing를 붙이는 현재분사는 lesson 25에서 공부하게 될 ing 절과 모양이 같습니다. ing 절은 V-ing의 형태로 명사처럼 활용하거나(동명사) 혹은 명사를 수식해 '~하는, ~하는 중인'의 뜻을 갖습니다.

현재분사와 ing 절의 가장 큰 차이는 명사를 수식하는 방식입니다.

A. a **crying** baby　　　　우는 아기 ← **현재분사**
B. a baby **crying** so loud　너무 시끄럽게 우는 아기 ← **ing 절**

두 문장은 모두 동사 cry를 crying으로 활용해 baby를 꾸밉니다. 다만 crying의 위치가 A는 명사 앞, B는 명사 뒤입니다. 무엇이 이런 차이를 만드는 걸까요? 바로 '동사에 대한 추가 정보' 여부입니다.

A는 동사에 대한 추가 정보가 없는 반면에, B는 so loud가 추가되었습니다. 이처럼 동사에 대한 부연 설명이 없으면 명사 앞에서 현재분사로, 부연 설명이 있으면 명사 뒤에서 ing 절의 형태로 꾸밉니다. 이는 과거분사일 때도 마찬가지입니다.

A. the **printed** advertisement   인쇄된 광고

B. the advertisement **printed** in the newspaper   신문에 인쇄된 광고

A에서는 동사 printed에 대한 추가 정보가 나타나 있지 않은 반면에, B에서는 in the newspaper라는 추가 정보가 왔습니다. 그래서 A는 명사 앞에 printed가 단독으로, B는 명사 뒤에서 printed in the newspaper로 오는 것입니다.

아래 예문들은 모두 동사에 대한 추가 정보가 함께 쓰였습니다. 따라서 ing 절과 과거분사 형태로 명사 뒤에서 수식합니다.

Look at the baby sleeping in the living room.

거실에서 자는 아기를 봐.

The man living next to me is so kind.

내 옆집에 사는 그 남자는 매우 친절하다.

This library has many books written in France.

이 도서관은 프랑스어로 쓰인 많은 책을 보유한다.

The outside world is a place filled with horrible, selfish people.

바깥세상은 끔찍하고 이기적인 사람들로 가득 찬 곳이다.

unit 3. 연결동사의 보어로 쓰이는 분사

현재분사와 과거분사는 문장 내의 여러 성분으로 사용됩니다. 먼저 연결동사의 보어로 쓰이는 경우부터 보겠습니다.

    A. He is very boring.   그는 매우 지루한 사람이다.

    B. This book is so interesting.   이 책은 정말 흥미롭다.

A와 B의 V-ing는 연결동사 뒤에 와서 주어에 대해 설명합니다.

bore는 타동사로 상대방을 지루하게 만든다는 뜻입니다. 이 bore의 현재분사 boring 이 보어로 쓰여 누군가를 지루하게 하는, 즉 '(주어가) 지루하다'라는 의미를 갖습니다. 마찬가지로 B의 interest는 타동사로 상대방을 흥미롭게 한다는 뜻입니다. 여기에 ing가 붙은 현재분사 interesting이 보어로 와서 '(주어가) 흥미롭다'라는 의미를 갖습니다.

과거분사도 연결동사 뒤에 와서 주어에 대해 설명할 수 있습니다.

    C. He got bored after the lecture.   강의가 끝나고 나서 그는 지루해졌다.

    D. I am so interested in this book.   나는 이 책에 꽤 흥미가 있다.

연결동사 get, am 뒤에 과거분사의 형태로 bored, interested가 왔습니다.

현재분사일 때와 비교해 보면, A의 boring은 주어가 누군가를 지루하게 만드는 경우인데 비해 C의 bored는 주어가 어떤 상황(after the lecture) 때문에 지루하게 되었음을 나타냅니다. D의 interested 또한 무엇에 흥미가 생겼음을 보여 주는 것으로, 주어 자체가 흥미롭게 만드는 것은 아닙니다.

아래 예문들도 주어가 그 자체로 그러한 경우(현재분사)와, 주어가 다른 무엇으로 인해 그렇게 되었음을 나타내는 경우(과거분사)입니다.

That problem was very **confusing** for me.   그 문제가 내게는 너무 헷갈렸다.

Keep **talking**.   계속 얘기해.

They look **surprised** at the news.   그들은 그 소식에 놀란 것처럼 보인다.

They got **married** last month.   그들은 지난달에 결혼했다.

unit 4. 복합 타동사, 지각 동사, 사역 동사 + 분사

현재분사와 과거분사는 복합 타동사, 지각 동사, 사역 동사와 함께 쓰여 능동이나 진행, 수동이나 완료의 의미를 나타냅니다.

● 복합 타동사 + 분사

A. He found her **crying** alone.   그는 그녀가 홀로 울고 있는 걸 알았다.

B. He found his wallet **stolen**.   그는 자신의 지갑이 도둑맞은 걸 알았다.

find는 대표적인 복합 타동사 중 하나로, 뒤에 오는 두 대상의 관계를 문장으로 풀어 쓸 수 있습니다. A는 she was crying, B는 his wallet was stolen으로 말이지요.

풀어 쓴 문장에서 알 수 있듯이, A는 그녀가 스스로 우는 행위를 하는 거지요? 이처럼 능동의 의미, 혹은 울고 있다는 진행의 의미를 나타내기 때문에 cry를 현재분사 형태인 crying으로 표현합니다. 그에 비해 B는 지갑이 누군가에게 도둑맞은 상황이지요? 따라서 수동의 의미, 혹은 도둑맞은 행위가 완료되었음을 나타내므로 steal을 과거분사 형태인 stolen으로 표현합니다. 다음의 복합 타동사도 마찬가지입니다.

Imagine yourself **walking** on the beach with your bare feet. ← **능동, 진행**

맨발로 해변을 걷는 네 자신을 상상해 봐.

The king left his soldiers **unprotected**. ← 수동, 완료

왕은 자신의 군인들을 보호받지 못하는 채로 두었다.

● 지각 동사 + 분사

A. I saw him **leaving** with my girlfriend.

　나는 그가 내 여자 친구와 떠나는 걸 봤다.

B. I saw him **shot**.　　나는 그가 총에 맞은 걸 봤다.

동사 see는 대표적인 지각 동사 중 하나입니다.

A에서 주어인 내가 본 것은 그가 내 여자 친구와 떠나는 상황으로, 이때 떠나는 주체(him)

와 그 행위는 서로 능동 관계입니다. 또한 떠나는 상황이 과거 시점에서 진행 중일 수도

있습니다. 따라서 leave의 현재분사인 leaving으로 표현합니다.

그에 비해 B는 총을 쏘는 행위와 그것을 당하는 사람은 수동 관계입니다. 또한 총에 맞고

난 뒤의 상황을 보여 주는 완료의 의미일 수도 있습니다. 따라서 shoot의 V-ed 형태인

shot으로 표현합니다. 아래의 지각 동사도 현재분사, 과거분사로써 능동이나 수동, 진행

이나 완료를 나타냅니다.

I could feel the sweat **starting** to run down. ← 능동, 진행

나는 땀이 흐르기 시작하는 걸 느낄 수 있었다.

I saw the thief **chased** by the police. ← 수동, 완료

나는 그 도둑이 경찰들에게 쫓기는 걸 봤다.

지각 동사(see, hear, notice 따위)란 감각을 통해 '알아차리게 되는'(지각) 동사를 말합니다.
그에 비해 look, sound, smell 같은 감각 동사는 '어떤 감각이 느껴지는 그대로를' 나타
내는 동사를 뜻하고요.

● 사역 동사 + 분사

A. During lunch hours, he always has a lot of customers **waiting**.

점심시간 동안 그에게는 항상 기다리는 손님들이 많다.

B. I will have my car **repaired**.   나는 내 차의 수리를 맡길 것이다.

동사 have는 대표적인 사역 동사입니다.

A 문장에서 동사 has의 목적어는 a lot of customers waiting입니다. 이때 명사 customers와 동사 waiting의 관계는 능동으로, 손님이 기다리는 행위를 직접 하는 거지요. 따라서 동사 wait에 ing를 붙여 현재분사로 만들었습니다.

B의 경우는 동사 have의 목적어가 my car repaired이고, 명사 car와 동사 repaired의 관계는 수동이지요. 차는 수리를 하는 주체가 될 수 없기 때문입니다. 따라서 repair의 과거분사 형태인 repaired가 왔습니다.

아래도 마찬가지로 현재분사, 과거분사를 써서 능동과 수동의 의미를 표현했습니다. 첫 문장에서 '진행'의 의미가 빠진 것은 미래 표현이기 때문이고요.

I won't have you **taking** my favorites. ← **능동**

내가 가장 좋아하는 것들을 네가 가져가게 두지는 않을 거야.

She had her nose **reshaped** last month. ← **수동, 완료**

그녀는 지난달에 코 성형을 했다.

■ 괄호에 적절한 동사 모양을 하나씩 고르세요.

1. His class is (bored, boring). Students got (boring, bored) after the class.

   그의 강의는 지루하다. 학생들은 강의가 끝나고 지루해졌다.

2. As I came back, he looked (embarrassing, embarrassed).

   내가 돌아오자, 그는 당황하는 듯 보였다.

3. I saw my girlfriend (walking, walked) down with some guy.

   내 여자 친구가 어떤 남자와 길을 걷는 걸 봤다.

4. The director is filming two actors (kissing, kissed).

   감독은 두 배우가 키스하는 장면을 찍고 있다.

5. The children are very (exciting, excited).

   아이들은 매우 신이 났다.

■ 주어진 동사를 적절하게 바꾸어 문장을 완성하세요.

6. This store doesn't leave customers (   ) so long. ← **wait**

   이 가게는 손님들을 오랜 시간 기다리게 하지 않는다.

7. I found the window (   ). It looked very dangerous. ← **break**

   나는 창문이 깨진 걸 알았다. 너무 위험해 보였다.

8. I never imagined myself (   ) apart from my family. ← **live**

   가족과 떨어져 살 거라는 생각을 해본 적이 없어요.

09. The new hospital will be (   ) next Monday ← **open**

   새 병원은 다음 주 월요일에 개원할 것이다.

10. The girl (   ) a blue cap is my sister. ← **wear**

   파란 모자를 쓰고 있는 여자는 내 여동생이다.

형용사와 부사

The bottle is nearly empty. **그 병은 거의 비어 있다**

unit 1. 형용사의 쓰임새

형용사는 명사가 가진 특징을 설명하는 말입니다. 형용사의 기능은 크게 두 가지인데, '게으른 학생'처럼 명사를 수식하는 경우와 '그 학생은 게으르다'처럼 명사를 서술하는 경우입니다.

He is a lazy student.　　그는 게으른 학생이다. ← **명사를 수식**

The student is lazy.　　그 학생은 게으르다. ← **명사를 서술**

● **명사 앞에서 수식하는 경우, 뒤에서 수식하는 경우**

I have a **pretty** girlfriend. She has a **brown** hair. She likes eating **spicy** food like tteokbokki.

나는 예쁜 여자 친구가 있다. 그녀는 갈색 머리를 가지고 있다. 그녀는 떡볶이 같은 매운 음식을 먹는 걸 좋아한다.

우리말의 '예쁜, 갈색의, 매운'처럼 영어도 명사 앞에서 pretty, brown, spicy 같은 형용사가 명사를 설명합니다. 이처럼 하나의 형용사가 단독으로 명사를 수식할 때는 명사 앞에 위치합니다.

형용사가 명사 뒤에서 수식할 수도 있습니다. 형용사의 의미가 뒤에 오는 단어들과 엮여 있을 때는 명사 뒤에 위치합니다.

A. Overweight people should eat healthy foods **low in calories**.
   과체중의 사람들은 칼로리가 낮은 건강한 음식을 먹어야 한다.

B. Drugs not **harmful to the mother** can do serious damage to the child.
   엄마에게 해롭지 않은 약물이 아이에게 심각한 손상을 줄 수 있다.

A는 명사 foods를 형용사 low와 연관된 in calories가 하나로 엮여 뒤에서 수식합니다. B는 명사 drugs를 형용사 harmful과 연관된 to the mother가 하나로 엮여 수식하는데, not 같은 부정어는 형용사 앞에 옵니다.

● **명사를 서술하는 형용사**
형용사는 연결동사의 보어, 또는 복합 타동사의 한 성분(목적 보어)으로도 쓰입니다. 이것을 가리켜 형용사의 서술적 기능이라고 합니다.

I am **afraid** of the dark.   나는 어둠이 무섭다.
He became **angry** about the result.   그는 그 결과에 대해 화가 났다.

이들 문장의 동사는 연결동사로, 형용사 afraid, angry가 보어로서 명사 주어를 서술합니다. 그에 비해 아래 문장에는 복합 타동사가 쓰인 경우입니다. 형용사 black, useful이 명사 목적어를 서술합니다.

We painted the wall **black**.   우리는 벽을 까맣게 칠했다.
I find this book **useful**.   나는 이 책이 쓸모 있다는 걸 안다.

unit 2. 모든 형용사가 명사 앞뒤로 오지는 않는다

형용사는 명사의 앞과 뒤에서 명사를 수식하거나 서술하는 기능을 하지만, 모든 형용사가 명사의 앞과 뒤에 자유롭게 올 수 있는 것은 아닙니다.

elder, live[laiv], main, mere(겨우 ~한) 같은 형용사는 명사 앞에만 올 뿐 명사 뒤에서 서술하는 기능을 할 수는 없습니다.

Let me introduce Elsa. She is my elder sister.

엘사를 소개할게. 그녀는 내 누나(언니)야.

I use live insects as bait when fishing.

낚시할 때 나는 살아 있는 곤충을 미끼로 사용한다.

We will meet at the main entrance.　　우리는 중앙 입구에서 만날 것이다.

Robin is **elder** than me. (×)

I use insects which are **live** as bait when fishing. (×)

We will meet at the entrance which is **main**. (×)

이와는 반대로 a-로 시작하는 형용사 alone, afraid, asleep 등은 연결동사나 명사 뒤에서 서술하는 기능만 합니다.

The parents leave their child alone in the house.

그 부모는 아이를 집에 홀로 남겨 둔다.

Many children are afraid of ghosts.　　많은 아이들이 유령을 무서워한다.

The baby is asleep.　　아기는 잠들었다.

The child is **alone** in the house. (×)

The **afraid** children are watching TV. (×)

The **asleep** baby is in the crib. (×)   * crib : 아기 침대

unit 3. 모양이 비슷하지만 뜻이 다른 형용사

스펠링이 조금씩 달라서 헷갈리는 단어는 문장에서 의미를 유추해 보면 쉽게 이해됩니다. 단어 모양에 따라 뜻이 어떻게 달라지는지 보겠습니다.

successful(성공적인), **successive**(연속적인)

He runs a successful food business.   그는 성공적인 음식 사업을 한다.

I was absent from school for three successive days.

나는 3일 연속으로 학교에 결석했다.

historical(역사에 관한), **historic**(역사적인, 역사적으로 중요한)

Read the novel in its historical context.   역사에 관한 맥락에서 이 소설을 읽어라.

He returned safely from his historic flight into space.

그는 우주로의 역사적인 비행에서 무사히 돌아왔다.

economic(경제의), **economical**(경제적인)

Economic growth is slow.   경제 성장이 느리다.

I have an economical heating system, so the bills aren't too high.

나는 경제적인 난방 시스템이 있어서 요금이 높게 나오지 않는다.

sensible(합리적인, 현명한), **sensitive**(민감한, 감수성이 풍부한)

He made a sensible decision.   그는 합리적인 결정을 했다.

The Youtuber is **sensitive** to comments.　그 유튜버는 댓글에 민감하다.

considerable(상당한), **considerate**(배려하는, 사려 깊은)

I've saved a **considerable** amount of money to buy the house.

나는 그 집을 사려고 상당한 돈을 모았다.

She is always kind and **considerate** to me.

그녀는 내게 항상 친절하고 배려해 준다.

imaginative(상상력이 풍부한), **imaginary**(상상 속의), **imaginable**(상상 가능한)

He is very **imaginative**.　　그는 상상력이 매우 풍부하다.

We had an **imaginary** friend when we were young.

우리는 어렸을 때 상상 속의 친구가 있었다.

She had the best vacation **imaginable**.

그녀는 상상할 수 있는 최고의 방학을 보냈다.

literary(문학의, 문학적인), **literate**(글을 읽고 쓸 수 있는), **literal**(문자 그대로의)

She is reading **literary** criticism.　그녀는 문학 비평을 읽고 있다.

What percentage of the population is **literate** in your country?

당신의 나라에서 글을 읽고 쓸 수 있는 사람의 비율은 얼마입니까?

He explained the **literal** meaning of the sentence.

그는 그 문장의 문자 그대로의 의미를 설명했다.

unit 4. 부사의 쓰임새

아마도 부사 하면 -ly로 끝나는 단어를 떠올릴 것입니다. slowly(천천히), quickly(빨리), sadly(슬프게도) 같은 단어들이지요. 하지만 모든 부사가 -ly로 끝나는 건 아닙니다. fast(빨리), too(너무), often(자주) 같은 단어도 정말 많습니다.

> 부사가 늘 한 단어로만 이루어지는 것은 아니에요. 여러 단어를 조합해 부사 역할을 할
> 수도 있어요. 예를 들어 last week(지난주에), in this way(이런 방식으로), for the last
> three months(지난 3개월 동안)처럼 말이지요.

● 부사는 어떤 문장 성분을 수식할까?

부사가 수식할 수 있는 문장 성분은 동사, 형용사, 부사, 문장 전체입니다. 경우에 따라서는 명사를 수식하기도 하고요.

    She walked **slowly**.   그녀는 천천히 걸었다.
    We arrived **early**.   우리는 일찍 도착했다.

slowly와 early는 부사로 동사 walked와 arrived를 묘사합니다. '어떻게 걸었는지'에 대한 방식, '언제 도착했는지'에 대한 시간 정보를 추가로 전달하는 것입니다.
이번에는 부사가 형용사, 그리고 부사가 다른 부사를 수식하는 경우입니다.

    This view is **very** beautiful.   이 풍경은 매우 아름답다. ← **형용사를 수식**
    She works **incredibly** hard.   그녀는 놀랄 만큼 열심히 일한다. ← **부사를 수식**

마지막으로, 부사가 문장 전체를 수식하는 경우입니다. 부사가 문장 전체를 수식할 때는 주로 맨 앞에 위치하며, 콤마가 함께 쓰입니다.

Fortunately, we were able to recover most of the files.

운 좋게도 우리는 파일의 대부분을 복구할 수 있었다.

부사의 위치는 다른 품사에 비해 자유로운데, 대개는 동사 뒤, 형용사나 다른 부사의 앞에 위치합니다. 부사를 어디에 두어야 할지 잘 모를 때는 부사가 수식하는 대상에 되도록 가깝게 배치하면 됩니다.

그러면 문제! 아래의 A~C 중 부사 slowly의 위치가 가장 적절한 문장은 뭘까요?

A. **Slowly**, she walked down the road.

B. She walked **slowly** down the road.

C. She walked down the road **slowly**.

그녀는 도로를 따라 천천히 걸었다.

slowly는 '천천히'라는 의미이니까, 동사와 가장 가까이에 있는 B가 적절합니다.

부사는 위치는 우리말에서도 수식하는 서술어 바로 앞에 오는 게 좋지요? '기업이 **쉽사리** 번 돈을 투자하기는 어렵다. → 기업이 번 돈을 **쉽사리** 투자하기는 어렵다.'처럼 의미가 명확해지기 때문입니다.

unit 5. 헷갈리는 형용사와 부사 정리하기

● **형용사와 부사의 모양이 같은 단어**

early, fast, low처럼 형용사와 부사의 모양이 같은 단어들이 있습니다. 아래 예문들에서 앞의 문장이 형용사로 쓰인 경우입니다.

early : **이른**(형용사)/ **일찍**(부사)

Let's make an early start tomorrow.　　내일 일찍 출발하자.

He has habit of getting up early.　　그는 일찍 일어나는 습관이 있다.

fast : **빠른/ 빨리**

I'm fast at typing on the computer.　　나는 컴퓨터 타자를 치는 데 빠르다.

We shouldn't ride a bike fast on the sidewalk.

인도에서 자전거를 빨리 몰면 안 된다.

low : **낮은/ 낮게**

I want to eat foods that are low in fats.　　나는 지방이 낮은 음식을 먹고 싶다.

We have to speak low in public.　　공공장소에서는 소리를 낮춰 말해야 한다.

● **-ly가 붙어 부사의 뜻이 달라지는 경우**

형용사와 부사의 모양이 같은데, 여기에 -ly가 붙으면 부사로 쓰여 또 뜻이 달라지는 경
우입니다. 마찬가지로 첫 번째 문장만 형용사입니다.

close : **친한**(형용사), **가까이**(부사) / **closely** : **긴밀히**(부사)

She is very close to her mother.　　그녀는 자신의 엄마와 아주 친하다.

I hate people sitting too close to me.

나는 사람들이 내게 너무 가까이 앉는 걸 싫어한다.

These problems are closely related.　　이 문제들은 긴밀히 연결되어 있다.

high : **높은, 높게** / **highly** : **매우**

The painting was sold for high prices.　　이 그림은 높은 가격에 팔렸다.

His desk was piled high with files.　　그의 책상은 파일로 높이 쌓였다.

This gas is highly poisonous.   이 가스는 매우 유독하다.

near : 가까운, 가까이 / nearly : 거의

My birthday is near Christmas.   내 생일은 크리스마스와 가깝다.

Don't come near. You might catch a cold.   가까이 오지 마. 감기 걸릴지 몰라.

The bottle is nearly empty.   그 병은 거의 비어 있다.

hard : 어려운, 열심히 / hardly : 거의 ~ 않는

This book is hard to read.   이 책은 읽기 어렵다.

Work hard and play hard.   일하는 것도 노는 것도 열심히 해라.

We hardly know each other.   우리는 서로 거의 알지 못한다.

late : 늦은, 늦게 / lately : 최근에

She is late for work every day.   그녀는 매일 출근이 늦다.

I stayed up late last night.   나는 어젯밤에 늦게까지 깨 있었다.

I've been feeling good lately.   나는 최근에 기분이 좋다.

● 부사 so와 very, enough와 too의 차이

부사 so와 very는 형용사나 부사를 강조해 '매우'라는 뜻을 가지는데, 정도나 결과를 나타내는 that 절 앞에 so는 오지만, very는 올 수 없습니다.

This pizza is so(very) delicious.   이 피자는 매우 맛있다.

This pizza is so delicious that I will have another one. (O)

이 피자는 너무 맛있어서 한 판 더 먹을 작정이다.

This pizza is very delicious that I will have another one. (×)

enough는 형용사와 부사로 쓰이는데, 부사일 때는 '충분히, 매우'라는 뜻으로 형용사나 부사를 뒤에서 수식합니다. 그에 비해 아래 A 문장에서는 enough가 명사 뒤에서 형용사로 쓰였습니다.

A. She made a lot of food **enough** for everyone. ← **형용사로 쓰임**

그녀는 모두가 먹기에 충분한 많은 음식을 만들었다.

B. She is smart **enough** to decide for herself. ← **부사로 쓰임**

그녀는 스스로 결정할 정도로 충분히 똑똑하다.

too는 '너무'라는 뜻으로 부정적인 뉘앙스로 쓰입니다. 그에 비해 우리말은 '너무 지루하다, 너무 예쁘다'처럼 긍정문과 부정문에 모두 쓰이지요. (원래 '너무'는 부정 표현에만 쓰였는데, 일상적으로 쓰이다 보니 긍정 표현에도 쓸 수 있게끔 2015년에 맞춤법 용법이 추가되었습니다.)

She's driving **too** fast.　　　　　그녀는 운전을 너무 빠르게 해. (위험해!)

You're speaking **too** quickly.　　너는 말을 너무 빨리 해. (좀 천천히 말해 줘.)

부사 too가 또 다른 부사 fast와 quickly를 수식하는데, 두 문장 모두 부정적인 뉘앙스가 있습니다. 운전을 빠르게 해서 무섭다거나, 위험하다는 인식이 깔려 있는 것입니다. too는 enough처럼 to 부정사와 함께 쓰이기도 합니다. 부정적인 뉘앙스가 있기 때문에 '~하기에는 ~하다'라는 의미를 갖습니다.

I am **too** hungry **to** concentrate.　　너무 배고파서 집중하기 힘들다.

She is **too** old **to** work.　　　　　　　그녀는 일하기에는 너무 나이가 많다.

비교급과 최상급

This is easier than **it looks.** 이건 보기보다 쉽다

형용사와 부사는 비교급과 최상급의 형태로 활용하는데, 이를 통해 비교 표현을 하는 경우가 많습니다.

easy – easier – the easiest : 쉬운 – 더 쉬운 – 가장 쉬운

원급   비교급   최상급

형용사와 부사의 원래 모양을 '원급'이라고 하고, 원급에 -er을 붙여 비교급을, -est를 붙여 최상급을 만듭니다. 그런데 동사에 규칙 변화, 불규칙 변화가 있듯이 형용사와 부사의 비교급, 최상급 변화에도 규칙과 불규칙이 있습니다.

● **형용사, 부사의 규칙 변화**

아래는 모두 규칙 변화에 속하는데, busy처럼 '자음 + y'로 끝나는 단어는 y를 i로 바꾸어 -er/-est를 붙이면 됩니다. big처럼 '단모음 + 단자음'으로 끝나는 단어는 마지막 자음을 하나 더 써주고요.

fast – faster – the fastest   long – longer – the longest

hard – harder – the hardest   late – later – the latest

busy – busier – the busiest   early – earlier – the earliest

big – bigger – the biggest   hot – hotter – the hottest

● 'more 원급, the most 원급'으로 비교급, 최상급을 만드는 경우

2~3음절 이상의 형용사, 부사는 대개 원급에 more를 붙여 비교급을 만들고, the most 를 붙여 최상급을 만듭니다.

useful – more useful – the most useful

active – more active – the most active

beautiful – more beautiful – the most beautiful

● 형용사, 부사의 불규칙 변화

아래는 대표적인 불규칙 변화이므로 모두 외워야 합니다. 그리고 old와 far는 비교급, 최 상급 형태가 두 가지로 나뉩니다.

good/well – better – best   : 좋은/잘 – 더 좋은 – 가장 좋은

many/much – more – most : 많은 – 더 많은 – 가장 많은

little – less – least   : 적은 – 더 적은 – 가장 적은

bad/badly – worse – worst : 나쁜/나쁘게 – 더 나쁜 – 가장 나쁜

old – older – oldest   : 오래된 – 더 오래된 – 가장 오래된

old – elder – eldest   : 나이가 든 – 나이가 더 많은 – 나이가 가장 많은

far – farther – farthest : (거리가) 먼 – 더 먼 – 가장 먼

far – further – furthest : (정도가) 깊은 – 더 깊은 – 가장 깊은

unit 1. 원급 비교 표현

형용사와 부사의 원급으로도 비교 표현이 가능합니다. 대표적인 문형으로는 'as 원급 as 비교 대상'이 있습니다.

    A. It is **as hot as** it was yesterday.   날씨가 어제만큼 덥네.

    B. I speak English **as well as** she does.   나는 그녀만큼 영어를 잘한다.

    C. He is not **as handsome as** you think he is.

    그는 네가 생각하는 것만큼 잘생기지 않았어.

A 문장에는 'as 형용사 as'가 쓰였습니다. 첫 번째 as는 뒤의 형용사를 수식하는 부사, 두 번째 as는 '주어 + 동사'를 이끌기 때문에 접속사에 해당합니다.

A를 예로 들어 두 문장이 어떻게 합쳐져 비교 표현을 만드는지 보겠습니다.

    It is ~ hot. + It was ~ hot yesterday.

    (~만큼 덥다)   (어제는 ~만큼 더웠다)

'날씨가 어제만큼 덥다'라는 표현은 형용사 hot의 정도를 비교해야 하므로 '만큼'의 뜻을 가진 as를 양쪽의 ~ 자리에 넣습니다.

합친 문장에서 반복되는 표현 중 뒤쪽의 hot을 없애고 뒤의 as가 나머지 구문을 이끌게 하면 비교 표현이 완성됩니다.

    → It is **as** hot **as** it was ^(hot) yesterday.

B 문장에서는 'as 부사 as'가 쓰였습니다. 첫 번째 as는 뒤의 부사를 수식하는 부사, 두 번째 as는 '주어 + 동사'를 이끌기 때문에 접속사에 해당합니다. 두 문장이 합쳐지는 원

리는 A의 경우와 비슷합니다.

I speak English ~ well. + She speaks English ~ well.

(나는 영어를 ~만큼 잘한다)   (그녀는 영어를 ~만큼 잘한다)

→ I speak English as well as she does.

'그녀만큼 영어를 잘한다'라는 표현은 부사 well의 정도를 비교해야 하므로 '만큼'의 뜻
을 가진 as를 양쪽의 ~ 자리에 넣습니다.

합친 문장에서 반복되는 표현 중 뒤쪽의 English well을 없애고, (she) speaks라는 동
사도 반복되므로 이를 does로 바꿔 줍니다. 이제 뒤의 as가 나머지 구문을 이끌게 하면
비교 표현이 완성됩니다.

C 문장에서는 'not as 형용사 as'가 쓰였습니다. 'as 원급 as'를 부정할 때는 첫 번째 as
앞에 not을 넣으면 됩니다. 문장 끝의 (you think) he is가 반복되지만, 화자가 생각하는
주어 He와 you가 생각하는 he는 '잘생긴 정도가' 다르므로 그냥 두었습니다.

as 원급 as 구문에서 as와 as 사이에 형용사, 부사가 단독으로만 오는 것은 아닙니다. '형
용사 + 명사/전치사 덩어리'가 올 수 있고, 관사가 있으면 '형용사 + 관사 + 명사' 어순을
가지기도 합니다.

Does she spend as much money as you do?

그녀는 너만큼 돈을 많이 쓰니?

The staff is not as kind to them as he should be.

그 직원은 그들에게 마땅히 해야 할 만큼 친절하지는 않아.

He didn't make as stupid a mistake as they did.

그는 그들처럼 바보 같은 실수를 하지 않았다.

① 배수를 활용한 원급 표현

"예전의 내가 아니야. 두 배나 강해졌어!"처럼 두 배, 세 배 같은 배수를 활용해 비교하는 경우가 있지요. 이럴 때는 원급 비교 표현인 'as 원급 as' 앞에 배수를 나타내는 twice 등을 넣으면 됩니다.

두 배는 twice, 셋부터는 three/ four/ five times로 표현합니다.

> I am **twice as** strong **as** I used to be.　나는 예전보다 두 배나 강해.
>
> They say Jimin studies **three times as** much **as** you do.
>
> 지민이가 너보다 세 배는 공부를 한다던데.

② as 원급 as를 활용한 관용 표현

원급 비교가 쓰인 관용 표현이 있습니다. as soon as possible(가능한 한 빨리), as fast as 주어 + can(주어가 할 수 있는 한 빨리), as good as(~와 다름없는) 등이 흔히 쓰입니다.

> Do it **as soon as possible**.　　가능한 한 빨리 해라.
>
> I'll do it **as fast as I can**.　　내가 할 수 있는 한 빨리 하겠습니다.
>
> You failed the exam? You are **as good as** dead.
>
> 시험에 떨어졌다고? 넌 죽은 목숨이나 다름없다.

unit 2. 비교급 표현

형용사, 부사의 원급을 이용한 비교 표현에 이어 비교급으로 '~보다 더/덜'을 나타내는 용법을 보겠습니다.

① 비교급 than~ : ~보다 더

대상을 정하여 한쪽을 다른 쪽과 비교할 때는 '비교급 + than'을 사용합니다.

   A. This is **easier than** it looks.   이건 보기보다 쉽다.

   B. He makes **more** money **than** I do.   그는 나보다 많은 돈을 번다.

   C. I am seven years **older than** my girlfriend.

     나는 여자 친구보다 일곱 살 더 많다.

   D. You are a lot **better than** you think you are.

     너는 네가 생각하기보다 훨씬 뛰어나.

A 문장은 This is easy와 It looks easy를 '비교급 + than'으로 합친 것입니다. 앞의 easy를 비교 표현(비교급)으로 만들고 than 다음에 비교 대상을 넣으면 되는데, easy는 중복되기 때문에 생략합니다.

   This is easy. + It looks easy.

    (이건 쉽다)   (이건 쉬워 보인다)

   → This is **easier than** it looks (easy).

B 문장처럼 비교 대상의 양을 가리킬 때는 many/ much의 비교급인 more를 사용합니다. 그리고 C처럼 구체적인 숫자로 비교하는 경우는 '숫자 + 단위 + 비교급 than'을 사용하면 됩니다. ~ than my girlfriend (is)에서 be 동사가 중복될 때는 끝에서 흔히 생략되고요.

D 문장에서는 a lot(훨씬)으로 비교급을 강조했습니다. a lot 대신에 even, much, way 같은 표현도 비슷한 뜻을 가집니다.

② less than~ : ~보다 덜

'~보다 더'의 반대되는 비교 표현으로 less than이 있습니다. less는 little(작은, 거의 없는)의 비교급으로 more와 대조적인 의미를 가집니다.

    A. Used cars are **less** expensive **than** new cars.

       중고차는 새 차보다 가격이 덜 비싸다.

    B. She makes **less** mistakes **than** he does.   그녀는 그보다 실수를 덜 한다.

    C. He studied **less than** he could have done.

       그는 할 수 있었던 것보다 공부를 덜 했다.

A 문장에서 비교 대상이 되는 new cars (are) 다음에 오는 be 동사는 생략 가능합니다. B 문장은 비교 기준으로 명사 mistakes가 왔고, than 다음의 중복되는 동사 makes는 does로 대체되었습니다. 그리고 C 문장은 동사 study를 기준으로 less than이 양쪽을 비교합니다. 앞의 동사 study는 뒤에서 do로 대체되는데, could have V-ed 형태에 맞게 done으로 바뀌었습니다.

unit 3. the + 비교급, the + 비교급

부사절과 주절에 the + 비교급을 사용해 '~하면 할수록 더 ~하다'라는 비교 표현을 만들 수 있습니다. 기본적으로 'the 비교급 + 주어 동사, the 비교급 + 주어 동사'의 모양을 가집니다.

    The more we study, **the more** we learn.   더 많이 공부할수록 더 많은 걸 배운다.

    = If we study more, we learn more.

    The sooner you leave, **the earlier** you will arrive.

일찍 떠날수록, 빨리 도착할 것이다.

= If you leave soon, you will arrive early.

이들 문장은 if로 시작하는 조건절로도 표현할 수 있습니다. 또한 아래처럼 'the 비교급' 이 명사를 수식해 'the 비교급 + 명사 + 주어 + 동사' 형태도 가능합니다.

The more money she makes, **the more useless things** she buys.
그녀는 돈을 많이 벌수록 쓸데없는 물건을 더 많이 산다.
The more products you sell, **the more profit** you will make.
당신이 더 많은 제품을 팔수록 더 많은 이익을 거둘 것이다.

'the 비교급' 뒤에 주어, 동사가 없이도 뜻을 전할 수 있으면 생략합니다.

The more, the better.   많으면 많을수록 좋다.
The sooner, the better.   빠르면 빠를수록 좋다.

unit 4. 최상급 표현

두 대상을 비교하는 비교급 표현에 이어, 비교 대상이 셋 이상인 경우에는 형용사, 부사의 최상급을 사용합니다. 어느 그룹 내에서 가장 정도가 높거나 낮은 경우에 쓰는 표현으로 최상급 앞에 the가 붙습니다.

What is **the longest** river in the world?   세계에서 제일 긴 강은 무엇입니까?
I think **the most** popular singer in Japan is BTS.
내 생각에 일본에서 가장 인기 있는 가수는 BTS다.

'the 최상급'은 문장 내에서 다양한 형태로 활용될 수 있습니다.

    A. Great Britain is **one of the richest** countries in the world.

       영국은 세계에서 가장 부유한 나라들 중 하나다.

    B. Spanish is **the second most** spoken language in the world.

       스페인어는 세계에서 두 번째로 가장 많이 사용되는 언어다.

    C. She is **the most** beautiful woman I've ever seen.

       그녀는 내가 지금껏 본 가장 아름다운 여자다.

A는 'one of the 최상급 + 복수 명사'를 통해 '가장 ~한 명사들 중 하나'라는 의미를 갖습니다. B처럼 주어가 두 번째, 세 번째, 네 번째로 어떠한지를 나타낼 때는 the second/ third, fourth + 최상급'으로 나타냅니다. C 문장은 최상급의 수식을 받는 명사 뒤에 관계사절 I've ever seen을 넣어 내용을 부연했습니다.

써먹는 공부가 내 영어를 살린다

영어를 잘한다는 것은 글이든 대화든 내가 원할 때마다 자유롭게 쓸 수 있다는 것을 의미합니다. 하지만, 학창 시절을 거치며 10년 이상 영어 공부를 하는데도 막상 외국인을 만나면 말이 안 나옵니다. 영어권 영화나 드라마, 신문 기사 역시 무슨 내용인지 도무지 이해가 안 되고요. 이는 무엇보다 영어 지식을 쌓는 데만 힘쓰고 써먹는 연습이 거의 없다시피 하기 때문입니다.

공부만 해서는 영어가 늘지 않는다

영어 공부는 몸만들기를 하는 것과 비슷합니다. 멋진 몸매를 위해서는 꾸준한 근력운동과 유산소 운동, 그리고 식단 조절을 병행해야 하지요. 운동을 하지 않고 식단 조절만 해서는 몸 근육의 변화가 없고, 반대로 운동을 하기는 하는데 마구잡이로 먹는다면 지방이 충분히 빠지지 않아 애써 운동한 보람이 나타나지 않습니다.

영어 공부도 다를 게 없습니다. 어휘력과 문법 지식만 죽어라 쌓는다고 영어가 내 것이 되는 게 아닙니다. 이와는 반대로 영어를 써먹어야겠다는 생각에 무작정 원어민이 말하는 것을 똑같이 따라하거나, 영어 드라마를 내도록 틀어 놓고 지내는 방법 역시 이렇다 할 효과를 기대하기 어렵습니다.

영어가 들리지 않는 이유는 그들이 사용하는 말의 방식을 몰라서인데, 많이 듣는다고 외국인의 말하기 방식을 깨치게 되는 것은 아니기 때문입니다.

영어를 잘하려면 공부의 '인풋'만큼이나 '아웃풋'이 중요합니다. 예컨대 어휘력과 문법 공부를 하루에 1시간 동안 한다면(인풋) 영어를 써먹는 공부에도 1시간을 투자하는(아웃풋) 식으로 균형을 맞추는 게 좋습니다.

이제껏 영어를 책으로만 공부했다면 외국인과 대화하는 기회를 늘리거나 영작하기, 영어 일기 쓰기, 해외 드라마 자막 없이 보기, 원서 읽기, 해외 유튜브 채널 구독 등 그동안 익힌 영어를 활용함으로써 진짜 내 것으로 만드는 것입니다.

자꾸 써먹는 중에 어휘력도 늘어난다

나는 어휘력이 약해서 영어를 써먹고 싶어도 그럴 수가 없어요, 라는 분도 있을 테지요. 하지만, 중학교 수준의 어휘력이라도 충분히 써먹을 수 있습니다. 아니, 영어 초급자일수록 배운 내용을 한 단어라도 입 밖으로 꺼내는 게 중요합니다.

예를 들어, 대다수가 알고 있을 동사 try(시도하다, 노력하다)를 써먹어 보겠습니다.

외국인 친구와 쇼핑하다가 어떤 옷을 살지 말지를 고민하는 그에게 아래처럼 말을 건넬 수 있습니다.

"Try!"(입어 봐)

이렇게만 말해도 상대는 충분히 알아들을 것이고, 여러분은 아는 영어를 상황에 맞게 사용한 게 됩니다. '주어 + 동사'로 시작하는 영어 문형으로 넘어 가면 활용 범위는 더욱 넓어집니다.

"I try."(나는 시도한다/ 노력한다)

"I try my best."(나는 최선을 다해.)

"I always try my best."(나는 항상 최선을 다해요.)

"I will try it." (내가 해볼게.)

"Have you tried it?" (그거 해봤어?)

I try를 바탕으로 동사 뒤에 my best라는 목적어를 붙이거나, always라는 부사를 넣는 식으로 문장을 차츰 확장해 보는 것입니다.

영어를 자꾸 써먹어야 하는 것은 그래야 온전히 나의 영어가 되기 때문입니다. 더욱이 배운 영어를 써먹는 중에 내가 무엇을 알고 무엇을 모르는지도 드러나는데, 이 또한 영어 실력이 향상되는 계기로 이어집니다.

모든 영단어의 모든 뜻을 우리가 알 수는 없습니다. 따라서 실제 상황에서 접하는 단어, 문장 중심으로 상황에 맞는 어휘 활용법을 익히는 게 효율적입니다.

외국인이 우리말을 배우는 경우를 통해 생각해 보겠습니다. 외국인 친구에게 '가다'를 '한곳에서 다른 곳으로 이동한다'라는 뜻으로 알려주었습니다. 그러면 이런 대화가 오갈 수 있습니다.

나　：어제 친구 할머니가 돌아가셨어.

친구：쩨엥, 할머니가 어디 가셨어?

'가다 = go'로 외운 외국인이라면 충분히 가능한 질문입니다. 이때 우리는 그에게 '가다'에는 die, pass away(죽다)라는 뜻도 있다는 것을 설명해 줍니다. 기본 회화에서 써먹는 중에 '살아 있는' 어휘력 공부가 되는 것입니다.

외국어를 공부하다 보면 이 같은 언어 표현 상황이 참 많습니다. 음식이 상했을 때 '맛이 가다'라고 하며, 선생님이 수업을 시작하며 "이제 가볼까?"라고 할 때도 '가다'라는 표현이 쓰입니다. 영어로는 각각 go bad, start의 의미이지요.

처음에 '가다 = go'에서 시작해 실제로 접하지 않으면 알기 어려운 뜻, 그러면서도 일상생활에서 곧잘 쓰이는 표현들을 익히게 되는 것입니다.

이제는 반대로, 영어를 배우는 우리 입장에서 보겠습니다. try를 '시도하다, 노력하다'와는 조금 다른 뉘앙스로 쓰는 경우입니다.

A. I am going to **try** this new hamburger. I think it tastes great.

　새로 나온 이 햄버거를 먹어볼 거야. 맛있을 거 같아.

B. I **tried** the grocery store to buy what I'm looking for.

　내가 찾는 걸 사기 위해 식료품점을 가봤어.

A 문장은 'try + 명사' 형태로 '명사를 시도해 보다(먹다, 경험하다)'라는 의미로 쓰였습니다. eat(먹다)이나 experience(경험하다)를 쓸 수도 있지만, 한번 시도해 보겠다는 의미이기 때문에 try를 사용하는 것입니다.

B 문장에서는 try가 '(원하는 것을 얻기 위해) 명사를 찾아가다'라는 뜻을 가집니다. go나 visit을 써도 되지만, 그곳에 가는 이유가 뭔가를 얻기 위해 노력, 시도한다는 뉘앙스를 담고 있기 때문에 try로 표현했습니다.

이렇듯 try의 한두 가지 뜻만 외우거나 모든 뜻을 외우려고 할 게 아니라, 기본적인 뜻을 공부한 후에는 실제로 써먹는 연습을 통해 영어 어휘력을 늘려 가는 게 좋습니다. 외국어는 입 밖으로 꺼내는 것 자체가 공부인데다가, 실제 상황에서 써먹으며 알게 된 표현은 기억도 오래갑니다.

그래도 문법 공부가 필요한 이유

영어를 실제로 써먹는 게 중요하다면 문법 공부는 적당히 손을 놔도 되는 걸까요?

문법 개념이 머릿속에 잘 자리 잡고 있으면 그래도 되는데, 본인이 생각하기에 기초가 부족한 편이라면 영문법부터 정리하고 넘어가는 게 맞습니다.

다시 try를 보겠습니다.

A. I **tried** to do my best, but I failed.

나는 최선을 다하려고 했지만, 실패했다.

B. I **tried** putting on makeup for the first time.

나는 처음으로 화장을 해보려고 했다.

A 문장은 try + to 부정사(~하기 위해 노력하다), B 문장은 try + 동명사(~하는 걸 시도하다)라는 형태가 왔습니다.

이 같은 문법 규칙을 알고 실전에서 다양한 쓰임새를 접하는 것과, 무작정 다양한 문장을 접하는 가운데 이러한 문법을 스스로 깨닫는 것은 공부 효율 측면에서 아주 큰 차이가 있습니다.

다만, 문법 공부는 암기보다는 이해가 중요합니다. 특히 문제풀이를 위한 문법 공부는 피하는 게 낫습니다. 다시 말해, to 부정사의 개념을 모르는 채 to 부정사의 명사적 용법, 부사적 용법, 형용사적 용법이라는 식으로 암기하는 것은 좋지 않습니다.

to 부정사의 개념을 이해하면 용법은 저절로 따라 옵니다. to 부정사의 to는 전치사 to와 같습니다. I go to school에서 전치사 to는 주어가 학교라고 하는 대상 쪽으로 나아가는 이미지이며, 여기에는 방향성이 존재합니다.

He decided to escape the prison.   그는 감옥을 탈출하기로 결심했다.

이 문장은 to escape the prison이 동사 decided의 목적어로 쓰였으므로 'to 부정사의 명사적 용법'이라고 여기고 맙니다. 왜 to 부정사를 쓰는지는 관심 밖이지요.

하지만, to 부정사를 to의 방향성이라는 관점에서 보면 문장을 더욱 잘 이해할 수 있습니다. decide는 '결심하다'라는 뜻이지요. 여기에 to가 붙으면 to 부정사 쪽으로 행동할 거라는 방향성을 갖게 됩니다.

decide와 to 부정사는 잘 어울릴 수밖에 없는 짝인 셈입니다. 이처럼 to 부정사의 방향성을 이해하면 다른 동사를 공부할 때도 '어? 이건 to 부정사와 잘 어울리겠는데?' 같은 접근이 가능해지고, 영어 문장의 뉘앙스도 더욱 잘 와닿습니다.

이제껏 동사 try를 가지고 다양한 쓰임새를 알아보았습니다. 문법도 중요하고, 실제 상황에서 자꾸 써먹어야 어휘력, 문장력도 늘어난다는 사실을 이해했을 것입니다.

그런데, 이 같은 요령 외에 영어를 잘하는 사람들에게는 아주 중요한, 한 가지 공통점이 있습니다. 바로 영어에 재미를 느끼며 공부한다는 점입니다.

— 〈영어를 잘하려면 2〉(233p)로 이어집니다.

명사와 대명사

Those **are** my **favorite** books. **저것들은 내가 좋아하는 책이야**

학생들에게 "사과가 영어로 뭐야?"라고 물으면 돌아오는 답은 거의 apple입니다. 정확한 대답은 an apple이지요. 그냥 apple이라고 하면 왜 안 될까요?

뜻하는 바가 달라서입니다. 예컨대 사과가 먹고 싶어서 옆에 있는 원어민 친구에게 "Do you have apple?"이라고 물으면 내 의도와는 달리 그는 아마도 아이폰 같은 '애플' 제품을 떠올릴 것입니다.

Do you have **an apple**?　　사과 있어?

Do you have **apple**?　　아이폰 같은 기 있어?

영어는 '명사를 가리키는' 개념이 우리말과 달라요.

우리는 사과가 필요할 때 "사과 있어?"라고 묻지 "한 사과 있어?"라고 하지는 않아요. 하지만 영어 원어민은 "Do you have an apple?"이라고 해요.

그들에게 사과는 색이 빨갛고, 모양은 둥글고, 꼭지가 달려 있는 하나의 개체 이미지로 다가와요. 그래서 apple 앞에 an을 붙여야 해요. 반면에 그냥 Apple은 하나의 개체가 아닌, 애플 회사 브랜드를 의미하고요.

unit 1. 영어에서 '명사를 세는' 방식

대다수 교재에서 명사 파트를 설명할 때 가장 먼저 나오는 게 가산 명사와 불가산 명사입니다. 가산 명사는 셀 수 있는 명사이고, 불가산不可算, uncountable 명사는 셀 수 없는 명사이지요. 그런데, 영어 학습자 입장에서는 이 개념이 여간 어려운 게 아닙니다. 단적인 예로, 집은 셀 수 있지만 종이는 셀 수 없습니다.

I have **a house**.	나는 집이 있다.
She works on **paper**.	그녀는 종이로 작업한다.

"종이는 한 장, 두 장으로 셀 수 있지 않나요?"라는 질문을 정말 많이 받습니다만, 영문법에서 '세다'의 개념은 단위를 사용하지 않고 명사 자체로 가능한 숫자 표현을 의미합니다. '한 집, 두 집'으로 셀 수는 있어도 '한 종이, 두 종이'처럼 세지는 않는 것입니다. 그래서 paper는 셀 수 없는 명사로 취급합니다.

우리가 어떤 명사를 떠올릴 때 그 사물의 크기나 모양, 기능이 머릿속에 일정하게 그려지면 가산 명사이고, 그렇지 않으면 불가산 명사입니다.

house란 명사를 들었을 때 머릿속에 그려지는 이미지는 안에 사람이 살며 지붕과 문, 창문 따위가 갖춰진 모습이지요. 반면에 paper는 사람마다 떠올리는 이미지가 제각각입니다. 일정한 개체 이미지를 갖고 있지 않기에 '셀 수 없는 명사'로 취급하는 것입니다.

아래는 가산 명사가 사용된 문장입니다.

A man is sitting by **a window**.   한 남자가 창문 근처에 앉아 있다.

We will buy **a coat** and **three caps**.   우리는 코트 하나와 모자 세 개를 살 거야.

Let's meet at the **bridge**. It is next to **an old building**.

그 다리에서 만나자. 오래된 건물 옆에 있어.

그런데 머릿속에 그려진다는 기준으로 모든 명사를 가산, 불가산으로 나눌 수 있는 것은 아닙니다.

I have **a great idea**!	내게 좋은 생각이 있어!
She had **an opportunity** to get **a refund**.	그녀는 환불받을 기회를 얻었다.

위 문장에 쓰인 명사 idea, opportunity, refund는 모두 가산 명사로 쓰였습니다. 그런데 이상합니다. 생각이나 기회, 환불은 머릿속에 일정한 이미지가 그려지지 않습니다. 추상적인 성격이 강한데, 어떻게 셀 수 있다는 걸까요?

결국 일정한 모양의 구체적인 사물을 가리키는 경우가 아니라면 어느 명사를 셀 수 있는지 없는지는 단어를 접할 때마다 확인하고, 한편으로는 영어식 '하나의 개체' 개념에 익숙해지는 수밖에 없습니다.

unit 2. 셀 수 있는 명사

There is **a chair**(**chairs**) in the room.　　방에 의자가 하나(여럿) 있다.

A teacher is reading **a book** to some **students**.

한 선생님이 여러 학생에게 한 권의 책을 읽어 주고 있다.

이들 가산 명사는 어렵지 않습니다. 의자는 다리가 네 개 달린 가구의 형태, 선생님과 학생은 가르치거나 배우는 역할을 하는 보편적인 개체이지요. 책 역시 책 형태의 뭔가가 떠오를 테고요. 이 같은 명사가 하나라면 명사 앞에 a/an을 붙이고, 여러 개라면 복수로서 명사 뒤에 −(e)s를 붙입니다.

● 집합 명사는 셀 수 있다

family, class, group, team처럼 개개의 사람, 사물이 모인 집합체를 일컬어 집합 명사라고 하는데, 이들 단어는 기본적으로 셀 수 있는 명사에 속합니다.

A. Which **class** are you in?　　너는 어느 반에 있어?

B. Some **classes** are going to have a trip to Jeju Island.

　　몇몇 반은 제주도로 여행을 갈 예정이다.

C. My class **was(were)** noisy this morning.

　　내 반 아이들은 오늘 아침에 시끄러웠어.

A의 class는 단수로서 여러 반 중 하나의 반, B의 classes는 여러 반을 가리키는 복수로 쓰였습니다. 그런데 C의 class는 단수와 복수로 모두 쓰일 수 있습니다.

my class를 하나의 집합으로 볼 때는 단수 취급, 반을 구성하는 학생들 여러 명으로 볼 때는 복수 취급을 하는 것입니다. 이는 미국 영어와 영국 영어의 차이이기도 한데, 일반적으로 미국 영어는 단수 취급을, 영국 영어는 복수 취급을 합니다.

이처럼 단수와 복수 취급을 오가는 집합 명사로는 family, people도 있습니다.

위의 class처럼 family가 하나의 집합일 때는 단수, 가족 구성원들을 나타낼 때는 복수 취급을 합니다. 그리고 people이 '민족'을 뜻할 때는 단수나 복수, '사람들'을 뜻할 때는 그 자체로 복수 취급을 합니다.

The country consists of three **peoples**.　← **단수 취급**

그 국가는 세 민족으로 구성되어 있다.

There were many **people** to wait a boat.　← **복수 취급**

보트를 기다리는 많은 사람이 있었다.

unit 3. 셀 수 없는 명사

불가산 명사의 가장 뚜렷한 특징은 단수로만 쓰이며, a/an 같은 부정관사가 붙지 않는다는 점입니다. 일정한 모양 없이 하나의 덩어리로 존재하는 고체, 액체, 기체 상태의 물질 혹은 추상적 개념의 명사는 셀 수 없습니다.

I like **bread** and **milk** for **breakfast**.   나는 아침으로 빵과 우유를 좋아한다.

I enjoy eating **pork** with **butter**.   나는 돼지고기를 버터와 함께 즐겨 먹는다.

He listens to **music** every morning.   그는 아침마다 음악을 듣는다.

이들 명사는 셀 수 없습니다. 우리말 감각으로는 빵이나 돼지고기, 버터를 셀 수 있을 것 같지만, 이것들은 모양이 정해져 있지 않습니다. 조리에 따라 돼지고기 모양은 얼마든지 바뀔 수 있고, 빵을 어떻게 자르든 여전히 덩어리로 존재합니다. 즉, 사과처럼 온전한 하나의 개체가 아닌 것이지요. 아침 식사나 음악은 구체적인 형태를 갖지 않는 추상적인 개념이기 때문에 셀 수 없고요.

Korea, Shakespeare 같은 고유 명사도 셀 수 없는 명사에 속합니다. 고유 명사는 하나밖에 없는 대상이기 때문에 첫 글자를 대문자로 적고, 원칙적으로 세지 못합니다.

He was adopted from **Korea**.   그는 한국에서 입양되었다.

Shakespeare is a dramatist and a poet.   셰익스피어는 극작가이자 시인이다.

● **설탕은 셀 수 없고, 바이러스는 셀 수 있다**

영어에서 셀 수 있다는 것은 그 명사를 하나의 개체로 인식하는지와 관련이 있습니다. '설탕'과 '바이러스'가 그러한 예 중 하나입니다.

I don't take **sugar** in coffee.   나는 커피에 설탕을 넣지 않는다.

All plants were infected with a virus.   모든 식물이 바이러스에 감염됐다.

설탕이나 소금, 모래 같은 물질은 하나하나 셀 수 없기 때문에 불가산 명사라는 설명을 이따금 봅니다. 하지만 이것들을 셀 수 없는 것은, 알갱이를 일일이 셀 수 없어서가 아니라 담는 방식에 따라 임의의 덩어리로 유지되기 때문입니다. (원어민 입장에서는) 일정한 하나의 개체로 인식하지 않는 것입니다. 그에 비해 바이러스를 셀 수 있는 이유는, 바이러스의 개념이 구체적인 낱개의 대상을 가리키기 때문입니다.

하나의 개체로 인식하지 않는 것은 equipment(장비), furniture, information 같은 경우도 마찬가지입니다. 이들 명사는 집합적인 성격을 가졌기 때문에 복수로 쓰일 수 있다고 생각하기 쉽습니다. 하지만 장비, 가구, 정보는 하나의 개념일 뿐 그 자체가 특정한 모양으로 존재하지는 않기 때문에 불가산 명사로 취급합니다.

This shop sells camping equipment.   이 가게는 캠핑 장비를 판매한다.

They have furniture that is in good condition.

그들은 좋은 상태의 가구를 가지고 있다.

unit 4. 명사의 수량 표현

명사의 수량을 나타내는 관용 표현들인데, 이중에 a lot of는 time 같은 불가산 명사에도 쓸 수 있습니다.

① a lot of ~ : 많은 ~ / 복수 가산 명사, 불가산 명사 모두 가능

We have a lot of good players.   우리는 좋은 선수들이 많다.

Can you hurry up? I don't have a lot of time.

서두를 수 있어요? 난 시간이 많지 않아요.

② **a number of ~ : 많은 ~** (= many) **/ a couple of : 둘의** (= two)

the number of ~ : ~의 수

a number of는 둘보다 많지만 너무 많지는 않을 때, a couple of는 둘 혹은 그 언저리 수량을 가리킬 때 사용됩니다. 그리고 The number가 주어 역할을 할 때는 단수 취급을 합니다.

A number of people are unemployed.	많은 사람이 실직한 상태다.
It happened a couple of days ago.	이건 이틀 전에 일어났다.
The number of crimes has increased this year.	올해 범죄 수가 증가했다.

③ **a variety of + 복수 명사 : 다양한** (= various)

He has a variety of ties that he wears to work.
그는 직장에 매고 갈 다양한 넥타이가 있다.

We do a variety of fitness activities.　　　우리는 다양한 헬스 운동을 한다.

unit 5. 대명사

대명사는 명사를 대신하는 말로 크게 인칭대명사, 지시대명사, 재귀대명사, 부정대명사로 나눌 수 있습니다.

● **인칭대명사**

어떤 대상을 가리키는 대명사를 '인칭대명사'라고 하며 1~3인칭이 있습니다. I, we가 1인칭, you는 2인칭, he/she, it, they는 3인칭이지요.

대명사는 자리에 따라 모양을 적절히 바꿔야 하는데, 이를 '격'이라고 합니다. 우리말은 조사가 있어서 자리에 상관없이 쓰지만, 영어에는 조사가 없지요. 따라서 I, my, me처럼 그 자리의 격에 맞는 주격, 소유격, 목적격/ 보격 대명사를 써야 합니다.('보격'은 보어 자리의 격을 뜻합니다.)

I love **her** and **she** loves **me**.   나는 그녀를 사랑하고 그녀도 나를 사랑한다.

This is **me**!   이게 나란 사람이야!

He gave **me** a book.   그는 내게 책 한 권을 주었다.

'인칭'이라고 하면 사람만을 가리키는 것으로 아는 경우가 많은데, 인칭대명사는 사람뿐 아니라 사물, 개념 등 명사로 표현되는 다양한 것들을 포함합니다. 쉽게 말해 she, he가 사물을 가리키기도 합니다.

This is America! Isn't **she** beautiful?   여기가 미국이구나! 아름답지 않아?

Look at **him**. **He** is my best toy!   그를 봐. 그는(그건) 내 최고의 장난감이야!

● 대명사 it의 사용법

it은 앞에서 언급된 사물 따위를 가리키는데, 앞 문장의 명사뿐 아니라 앞의 문장 전체를 가리킬 수도 있습니다.

A : Where is my pen?   내 펜은 어디에 있어?

B : **It**'s on the desk.   그거 책상 위에 있어.

There are many people chatting so loud. **It** is terrible.

너무 시끄럽게 대화하는 사람이 많아. 이건 끔찍해.

it은 날씨나 시간 등의 환경을 가리킬 때, 또는 가주어로도 사용됩니다. 문법에서는 이를 '비인칭 대명사'라고도 하는데, 이때 it은 해석하지 않습니다.(가주어는 '가짜 주어'란 뜻으로 lesson 18 that 절 파트에서 다시 설명하겠습니다.)

145

It's hot(cold, rainy) today. 오늘 덥다.(춥다, 비가 온다)

How's it going, Sam? It's been a long time! 잘 지냈어, 샘? 오랜만이야!

I can't stand it any more. It's too noisy here.

더 이상 못 참겠어. 여기 너무 시끄러워

It is important to wear a helmet when riding a bike. ← **가주어 it**

자전거를 탈 때 헬멧을 쓰는 것은 중요하다.

● **지시대명사 this와 that**

지시대명사는 우리말 '이것, 저것'에 해당하는 this, that을 말합니다. 참고로 '그것'에 해당하는 it은 인칭대명사로 분류합니다.

대상을 가리킬 때 가까이 있으면 this, 멀리 있으면 that을 사용하면 됩니다. 우리말 '이것, 저것'과 비슷한 거리감이지요. 대상이 복수일 때는 these, those를 쓰고요.

This is what I have been looking for. 이건 내가 찾고 있었던 거야.

This jacket doesn't suit you. and **that** is too small for you.

이 재킷은 네게 어울리지 않아. 그리고 저건 너한테 너무 작아.

I think **these** are your gloves. 이게 네 장갑인 거 같아.

이 밖에도 this와 that은 일상에서 흔히 쓰이는데, 몇 가지만 더 보겠습니다.

① **문장 안에서 앞의 명사를 가리킬 때 : 단수면 that, 복수면 those**

The number of men's teeth was greater than **that** of women's teeth.

남자들의 치아 개수는 여자들의 개수보다 많았다.

Homes being built today are four times as large as **those** in the '50s.

오늘날 지어지는 집들은 50년대의 것들보다 네 배나 크다.

② 사람, 또는 나를 소개할 때 this를 사용

Hi, James. This is my little brother, Tom. 안녕, 제임스. 여기는 내 남동생, 톰이야.

Who's speaking? / Hi, this is Mary. 누구세요? / 안녕, 나는 메리야.

③ 상대가 처음 듣는 내용을 언급할 때 this를 사용

새롭게 언급하는 대상 앞에 this를 사용할 수 있습니다. 상대방이 처음 듣는 내용에 대해 주의를 끄는 효과가 있습니다.

I saw this weird guy this morning. 오늘 아침에 (이런) 이상한 사람을 봤어.

There is this thing that I wanted to tell you about.

네게 말하고 싶었던 게 있어.

④ this와 that이 부사 역할을 하는 경우

정도를 강조하는 쓰임새로, 아래의 this는 '이 정도로, 이렇게까지'라는 의미를 갖습니다.

I have never seen her this angry before.

나는 그녀가 이렇게까지 화난 걸 전에는 본 적 없어.

He has never been this late for school. 그는 이렇게까지 지각한 적이 없어.

⑤ those는 the people을 대신할 수 있다.

Those who never make it usually quit too soon.

성공하지 못하는 사람들은 보통 너무 빨리 그만둔다.

● 재귀대명사

재귀대명사는 목적어가 주어와 동일한 경우에 목적어로 사용하는 인칭대명사를 말합니다. '재귀'란 '(주어에게) 다시 돌아온다'라는 뜻으로, 쉽게 말해 I love myself(나는 나를 사랑해)에서 myself가 재귀대명사입니다.

재귀대명사는 동사와 전치사의 목적어로 사용되는데, 주어에 쓰인 대명사에 따라 재귀대
명사가 달라집니다. 단수일 때는 −self, 복수일 때는 −selves가 되고요.

Be careful with the knife. You'll cut **yourself**. 칼 조심해. 너가 베일 수도 있어.

She kept telling **herself** the same word. 그녀는 같은 말을 혼자 반복했다.

History repeats **itself**. 역사는 반복된다.

We prepared **ourselves** for the trip. 우리는 스스로 여행을 준비했다.

Did they enjoy **themselves** at the party?

그들은 파티에서 좋은 시간을 보냈나요?

● 부정대명사

부정대명사란 딱히 정해지지 않은 대명사를 말합니다. '부정하다'의 '부정'이 아니라 정
해지지 않았다는 의미의 '부정不定'이지요. '누구나, 모두, 몇몇, 대부분' 같은 말은 어느 하
나가 아니라 불특정한 대상을 가리키는 부정대명사입니다.

① 부정대명사 one

아래에 쓰인 one은 '하나'라는 뜻이 아닙니다. 부정대명사 one은 셀 수 있는 명사를 대
신할 때 사용합니다. 단수라면 one, 복수라면 ones로 표현합니다.

You are not the only **one**. 너만 그런 게 아니야.

There are a variety of candies here! I like the strawberry **ones**.

여기 별의별 사탕이 다 있어! 난 딸기 맛 사탕들을 좋아해.

② the other : 나머지 하나를 가리킬 때

There are two computers in here. This computer is new, **the other** (computer) is about 10 years old.

여기 컴퓨터 두 대가 있어. 이 컴퓨터는 새 것이고, 다른 하나는 10년 정도 됐어.

the other로만 표현해도 컴퓨터임을 알 수 있는데, 이때 other는 대명사로 사용되었습니다. the other computer로 쓰였다면 형용사 역할을 하는 것이고요.

③ the others : 나머지 것들 / others : 다른 것들, 다른 사람들

A. I have only four. Where are **the others**?

나는 네 개만 가지고 있어. 나머지는 어디 있어?

B. I don't expect **others** to work for me.

나는 다른 사람들이 나를 위해 일할 거라 기대하지 않는다.

B 문장의 others는 주어를 제외한 나머지 막연한 사람들을 가리키는 쓰임새로 사용되었습니다. 역시 대명사입니다.

④ other

other가 명사를 수식하는 경우, 불특정한 다른 대상을 가리키는 의미로 사용됩니다. 이때 other는 복수 명사, 또는 불가산 명사에만 붙습니다.

I should paint the room white or blue. **Other** colors might make it look dark.

나는 이 방을 흰색이나 파란색으로 칠할 거야. 다른 색은 방을 어둡게 할지 몰라.

Do you have **other** information?　　다른 정보를 가지고 있어?

⑤ another

another는 단수 가산 명사를 수식하거나, another 단독으로 대명사 역할을 합니다. 다른 하나를 가리킬 수도 있고, 추가적인 것의 느낌을 줄 수도 있습니다.

We moved to **another** apartment.   우린 다른 아파트로 이사 갔다.

Buy two snacks and get **another** free.

과자를 두 개 사면 (추가로) 하나는 공짜로 드립니다.

⑥ each other(서로) = one another

'서로'의 대상이 두 명일 때 each other, 셋 이상일 때 one another를 쓴다고 설명하는 경우가 많은데, 대다수 원어민은 사람 수에 따라 둘을 구별하지는 않습니다.

We help **each other** a lot.   우리는 서로 많이 돕는다.

Sam and Steve are jealous of **one another**.   샘과 스티브는 서로 질투한다.

부정대명사를 한 문장에서 여러 개 쓰는 경우도 보겠습니다.

She has three dogs. **One** is Bichon Frise, **another** is Maltese, and **the other** is Poodle.

그녀는 개가 세 마리 있어. 한 마리는 비숑, 다른 하나는 말티즈, 나머지 하나는 푸들이야.

⑦ –body, –one, –thing

이렇게 끝나는 단어는 모두 부정대명사입니다. somebody/ someone은 사람, something은 사물을 가리키며 주로 긍정문에 쓰여 '누군가, 무언가'를 나타냅니다.

I heard **someone**(somebody) crying.   누군가 우는 걸 들었다.

There is something strange about him.   그에게 뭔가 이상한 점이 있어.

anybody/ anyone은 사람, anything은 사물을 가리키며 긍정문, 의문문에서는 '누 구나, 아무 거나', 부정문에서는 '아무도, 아무것도'를 뜻합니다.

Does anybody(anyone) want a drink?   (아무나) 술 마실 사람?
You can buy anything you want.   네가 원하는 아무 거나 살 수 있어.

no one/ nobody, nothing은 어떤 대상이 존재하지 않음을 보여 줍니다. 그에 비해 everybody, everyone, everything은 어떤 대상을 모두 지칭할 때 사용합니다.

I knocked on the door, but no one(nobody) answered.
나는 문을 두드렸지만 아무도 대답하지 않았다.

Everyone(Everybody) likes her.   모두가 그녀를 좋아한다.

Everything will be okay.   모든 게 괜찮을 거야.

관사와 수량사

Look at the dog. The hair **is pink.** 저 개를 봐. 털이 핑크색이야

우리말에는 없는, 영어에는 관사가 존재합니다. 관사는 명사 앞에 붙어 해당 명사의 범위를 제한하는 기능을 합니다.

A. Kevin has **a dog**.   케빈은 개를 키워.

B. Did you see **the dog** Kevin has?   케빈이 키우는 개 봤어?

A 문장의 a dog는 누구네 집의 특정한 개가 아닌 막연한 개를 의미합니다. 다리가 네 개에 후각이 발달했고, 귀엽거나 사나운 외모의 개 말이지요. 반면에 B 문장의 the dog는 막연하지 않습니다. 세상의 수많은 개들 중에 케빈이 키우는 바로 그 개를 가리키기 때문입니다. 이것이 a와 the의 핵심적인 차이입니다.

> a dog든 the dog든 우리말로는 그냥 '개'이지요. 관사 없이 똑같이 개라고 표현하지만, 우리는 문맥이나 상황을 통해 그 개가 어떤 의미를 지니는지 알 수 있습니다. 우리가 무심코 아는 그것을 영어에서는 명사 앞에 a/an, the를 붙여서 나타냅니다.

unit 1. 부정관사 a/an

부정관사는 명사의 범위를 한정하지 않습니다. a/an은 셀 수 있는 명사 앞에만 오고, 또

한 명사가 단수여야 합니다.

a와 an의 차이는 뒤에 오는 명사의 초성에 따르는데, 초성이 모음(a, e, i, o, u)일 때 an을 쓰는 게 일반적입니다. 이는 발음을 해보면 어렵지 않게 알아차릴 수 있습니다. 예를 들어 '개미'를 a ant로 발음하면 중간에 뭔가 걸리적거리는 느낌이 있지만, an ant로 발음하면 부드럽게 넘어갑니다.

'모음'의 기준은 철자가 아니라 발음입니다. 무슨 말인가 하면, hour는 철자 h로 시작하지만 첫 발음은 모음입니다.[auər] 그래서 an hour가 되고, '엠브이피'도 마찬가지 이유로 an MVP로 쓰지요. 반대로 university는 모음으로 시작할 것 같지만, 첫 발음이 자음이라서[jùːnəvə́ːrsəti] a university로 사용합니다.

I have **a pen**. I have **an apple**. I have **a pineapple**.

나는 펜 하나, 사과 하나, 파인애플 하나가 있습니다.

I have **a sister** and **a brother**.

나는 여자 형제 하나, 남자 형제 하나가 있습니다.

기본적으로 부정관사 a/an은 하나를 뜻하는데, 정확하지 않은 정보를 나타내거나 하나의 구성 요소임을 보여 주기도 합니다.

A. **A guy** keeps looking at you.   (어떤) 한 남자가 널 계속 쳐다보고 있어.

B. He is **a student** and she is **a teacher**.   그는 학생이고 그녀는 선생님이다.

C. This book has **an interesting story**.   이 책은 흥미로운 이야기를 담고 있다.

A 문장의 a guy는 어떤 남자인지 잘 모르는 상황에서 쓸 수 있습니다.

B 문장의 a student와 a teacher는 주어 he와 she가 학교라는 집단에 속한 한 구성원임을, C 문장의 an interesting story는 주어 this book의 여러 요소 중 하나임을 나타내고 있습니다.

unit 2. 정관사 the

정관사 the는 명사의 범위를 한정 짓습니다. 여러 표현을 통해 어떤 상황에서 the를 사용하는지 보겠습니다.

This is **the best** movie I've ever seen.　　이건 내가 지금껏 본 영화 중 최고다.

Who was **the first** Korean to achieve the Nobel prize?

노벨상을 처음 받은 한국인은 누구였어?

I'm on **the next** level.　　나는 다음 단계에 있어.

You are **the only** one that I love.　　당신은 제가 사랑하는 유일한 사람입니다.

I knew I'd never be **the same**.　　나는 예전과 같을 수 없다는 걸 알았어.

the best, the first, the only 같은 표현에 모두 정관사 the가 붙었습니다. '최고의, 첫 번째, 유일한' 같은 말은 범위를 한정하기 때문이지요.

He is the best soccer player in **the world**.

그는 세계적으로 최고의 축구 선수다.

The Sun rises in **the east**.　　태양은 동쪽에서 뜬다.

The Earth revolves around **the Sun**.　지구는 태양 주위를 돈다.

the world, the Sun, the east, the Earth처럼 가리키는 명사가 유일한 경우에 the를 붙여 범위를 그 하나로 한정 짓습니다.

정관사 the는 앞에 나온 명사와 관련이 있는 명사에도 사용됩니다.

A. Look at **the dog**. **The hair** is pink.　　저 개를 봐. 털이 핑크색이야.

B. We went to **the amusement park**. **The roller coaster** looked really fun. Many people were waiting in **the line**.

우리는 놀이공원에 갔다. 롤러코스터가 정말 재밌어 보였다. 많은 사람이 줄을 서서 기다리고 있었다.

A 문장의 명사 hair 앞에 the가 쓰인 이유는, 앞의 명사 the dog의 털을 한정해 가리키기 때문입니다. 마찬가지로 B 문장에서 the amusement park, the roller coaster, the line으로 쓰인 것은 우리가 놀러 간 놀이공원, 그 안에 있는 롤러코스터, 롤러코스터 앞에 늘어선 줄이 분명하기 때문입니다.

unit 3. 수량사

수량사는 some, any, many/much 따위처럼 명사가 어느 정도 있는지 그 수나 양을 나타내는 표현을 말합니다. 명사를 셀 수 있으면 '수'이고 셀 수 없으면 '양'인데, 일부 수량사는 가산 명사, 불가산 명사 앞에 모두 쓸 수 있습니다.

● some : 조금, 얼마간, 몇몇

some은 '몇몇, 약간'의 대상이 존재함을 나타냅니다. 뒤에 오는 명사를 한정하거나, some이 단독으로 쓰일 때는 대명사 역할을 하기도 합니다.

There are **some** candies on the table.　　탁자 위에 사탕 몇 개가 있다.

We are looking for someone with **some** experience.

우리는 얼마간의 경험을 가진 누군가를 찾고 있다.

some이 복수 가산 명사 candies, 불가산 명사 experience 앞에 놓여 대상의 수와 양이 있음을 보여 줍니다. some은 이런 뜻 말고도 뒤따르는 명사의 일부를 나타내거나,

'꽤 많은, 상당한'의 뉘앙스를 갖기도 합니다.

A. **Some** people believe in life after death. 어떤 사람들은 사후 세계를 믿는다.

B. It will be **some** time before we meet again.

　 우리가 다시 만나기까지 꽤 많은 시간이 걸릴 거야.

C. I don't understand the question. Can you give me **some** help?

　 이 문제를 이해하지 못하겠어. 조금 도와줄 수 있어?

A 문장에서는 some이 people의 '일부'라는 의미, B 문장에서는 '꽤 많은'의 뉘앙스로 사용되었습니다. 그리고 C 문장처럼 상대에게 뭔가를 기대하는 의문문에서 some을 사용하기도 합니다. 얼마간의 기대감을 some으로 표현하는 것이지요.

아래의 some은 dinner를 대신하고 있습니다. some이 단독으로 쓰여 대명사 역할을 하는 경우입니다.

A : Would you like to have dinner with me?　나와 저녁 먹을래?

B : Oh, I've already had **some**.　아, 나는 이미 먹었어. ← 대명사

● any : 조금도, 전혀/ 아무

some과 대조적인 성격을 가지는 any는 대상이 존재하지 않음을 보여 줍니다.

any는 의미에 따라 뒤에 오는 명사의 성격이 달라집니다. 먼저, 어떤 대상이 존재하지 않음을 나타내거나 조금이라도 존재하는지를 물어보는 경우입니다. 이때 any 뒤에 단수 가산 명사는 오지 않습니다.

I don't have **any** money.　나는 돈이 조금도 없어.

If you have **any** questions, please let me know.

질문이 있다면 알려 주기 바랍니다.

다음으로, any가 '아무'의 의미를 갖는 경우입니다. 이때는 단수/복수 가산 명사와 불가산 명사가 모두 올 수 있습니다.

He needs **any** help he can get.　　그는 받을 수 있는 아무 도움이라도 필요해.

Take **any** book you like.　　맘에 드는 아무 책이나 가져가.

We can choose **any** colors we want.　우린 원하는 아무 색들을 고를 수 있다.

any도 대명사로 쓰일 수 있습니다. 아래에서 any는 hamburger를 대신합니다.

A : What do you think of this hamburger? It's so delicious.

　　이 햄버거 어떻게 생각해? 진짜 맛있어.

B : I don't know. I didn't get any.　　나는 모르겠어. (어떤 것도) 먹어본 적 없어.

● many + 복수 가산 명사, much + 불가산 명사 : 많은

How **many** books are in this library?　이 도서관에는 얼마나 많은 책이 있나요?

How **much** information is in this book?　이 책에는 얼마나 많은 정보가 있나요?

many와 much가 대명사로 쓰일 수도 있습니다. 아래에서 much milk라고 해야 뜻이 분명하지만, 명사를 생략해도 알 수 있기 때문에 much만 남겼습니다.

A : Would you like some milk?　　우유 좀 마실래?

B : Yes, please. But not too **much** (milk).　좋아, 그런데 너무 많이는 말고.

● most : 대부분 / all : 모든

most는 뒤따르는 명사를 한정하거나 대명사로 쓰이며 '대부분'이라는 뜻입니다.

Most tap water is drinkable.　대부분의 수돗물은 마실 수 있다.

There are thousands of verbs in English and **most** are regular.

영어에는 수천 개의 동사가 있는데, 대부분은 규칙 동사다.

all 역시 명사를 한정하거나 대명사로 쓰입니다. all에는 복수 가산 명사나 불가산 명사가 옵니다. 그리고 대명사로 쓰여 '모든 사람, 모든 것'을 뜻하기도 합니다.

All tickets cost 25,000 won.　모든 티켓의 가격은 25,000원이다.

All information about the new product is unknown.

새 제품에 대한 모든 정보는 알려지지 않았다.

All were happy with the result.　모두가 그 결과에 만족했다.

I've done **all** that I can do.　나는 내가 할 수 있는 모든 걸 했다.

● **each/ every + 단수 가산 명사 : 모든, 각각**

둘 다 '모든, 각각'으로 해석되기 때문에 다소 헷갈리는 수량사이지요. each가 개별을 강조한다면, every는 그룹에 초점을 맞춘 표현입니다.

Each person who came to the party brought a dish.

파티에 온 저마다의 사람이 요리를 가져왔다.

Every person who came to the party brought a dish.

파티에 온 모든 사람이 요리를 가져왔다.

each person은 사람 하나하나를 강조합니다. 파티에 온 사람이 4명이라면 샘은 고기, 피터는 샐러드 등을 가져오는 식이지요. 그에 비해 every person은 그룹을 강조합니다. 4명을 한 무리로 보고 이들이 각자 요리를 가져왔다는 의미입니다.

● a few와 few/ a little과 little

a few 뒤에는 복수 가산 명사가 와서 대상이 '조금 있음'을 나타냅니다. few 뒤에도 복수 가산 명사가 오는데, 대상이 아주 소수라서 '거의 없음'을 나타냅니다.

We stayed **a few** days in France.　　　우리는 프랑스에 며칠 머물렀다.

Few people knew that he was sick.　　그가 아팠다는 걸 아는 사람은 거의 없었다.

a little, little 뒤에는 셀 수 없는 명사가 옵니다. a little은 대상의 양이 '조금 있음'을 나타내고, little은 양이 아주 적어서 '거의 없음'을 나타냅니다.

He drank some coffee and had **a little** bread.

그는 약간의 커피를 마시고 빵을 조금 먹었다.

He has **little** money to spend.　　　그는 쓸 수 있는 돈이 거의 없다.

a few/few, a little/little은 단독으로 쓰여 대명사 역할을 할 수도 있습니다.

There were hundreds of applicants, but only **a few** were selected.

수백 명의 지원자가 있었지만, 소수만 선택되었다.

She told me **a little** about her life in France.

그녀는 내게 프랑스에서의 삶에 대해 조금 이야기해 주었다.

영어 문장이 길어지는 원리를 이해하면
길고 복잡한 문장이라도 쉽게 이해할 수 있고,
회화나 작문에서도 표현력이 훨씬 좋아져요.
앞으로의 영어 공부 내내 디딤돌이 되는 내용이니까,
각각의 문법을 잘 이해하도록 해요!

Part 2

영어 문장의
원리와 확장

Wh- 의문문과 감탄문

Who closed the door? 누가 문을 닫았어?

의문문은 상대에게 질문하기 위한 문장 형식이지요? 질문만 잘해도 대화가 쭉 이어지는 만큼 영어 회화에 유용한 문법이라고 하겠습니다.

의문문을 만드는 법은 크게 두 가지로 나뉩니다.

1. be 동사나 조동사, 일반동사가 있는 의문문

2. 의문사가 쓰이는 의문문 (Wh- 의문문) :

who(whom, whose), what, which, when, where, why, how

1번의 경우에는 동사나 조동사를 주어 앞으로 내세워 의문문을 만드는데, 일반동사일 때는 동사 대신에 do나 does, did가 주어 앞으로 나옵니다. Did you understand this book?(이 책을 이해했어?)처럼 말이지요.

그에 비해 의문사가 있는 의문문은 물으려는 내용에 해당하는 의문사를 직접 사용합니다. 이는 1번 의문문과는 달리 Yes나 No로 대답할 수 없습니다. 우리말 의문대명사(누구, 언제, 어디, 무엇……)도 그렇듯이, 의문사에 맞는 대답을 해야 하지요.

의문사가 있는 의문문은 흔히 Wh- 의문문으로 부릅니다. who, what, when처럼 모두 wh-로 시작하는 단어라서 그래요. how는 wh-로 시작하지는 않지만, Wh- 의문문과 같은 기능을 하기 때문에 Wh-에 포함되고요.

unit 1. who, whom, whose로 의문문 만들기

    A : **Who** is he?   저 사람은 누구야?

    B : He is my teacher.   그는 내 선생님이야.

who는 '누구'를 뜻하는 의문사이지요. 우리말도 마찬가지인데, 물어보고 싶은 대상을
아래처럼 적절한 의문사로 바꾸는 게 기본입니다.

    He is **my teacher**.

    → He is **WHO**.   그는 (누구)다.

    → **Who** is he?   그는 누구야?

Wh- 의문사는 문장의 가장 앞으로 나가려는 특성이 있습니다. 그래서 who를 앞으로
보내고, 주어와 동사의 순서를 바꾸면 의문문이 만들어집니다.

    He closed the door.   그는 문을 닫았다.

    → **Who** closed the door?   누가 문을 닫았어?

이 문장에서 묻고자 하는 대상은 He이지요. He를 '누구'에 해당하는 who로 바꾸어 앞
으로 보내는데, 이때는 Who가 주어 역할을 하기 때문에 'Who(주어) + 동사'의 어순을
그대로 두고 물음표만 붙이면 됩니다.

● **whom**

'누구를'을 뜻하는 의문사 whom에 대해 알아보겠습니다. 묻고자 하는 대상 인물이 목
적어인 경우에 whom으로 바꾸어 문장 앞으로 보냅니다.

He mentioned **her** in the meeting.　　　　그는 회의에서 그녀를 언급했다.

→ He mentioned WHOM in the meeting.　　그는 회의에서 (누구를) 언급했다.

→ Whom did he mention in the meeting?　그가 회의에서 누구를 언급했어?

목적어 her를 대신하는 whom이 앞으로 나오고 주어와 동사 자리가 바뀌는데, 일반동사 대신에 do(does, did)가 나왔습니다.

● whose

'whose + 명사'는 '누구의 (명사)'에 해당하는 의문사로 동사 앞이나 뒤에 옵니다.
아래 문장에서 her laptop이 묻고자 하는 대상이라면 '누구의 노트북'으로 물어야 하지요? 따라서 '누구의'에 해당하는 whose와 명사 laptop은 하나의 덩어리로 함께 움직여야 합니다.

This is **her laptop**.　　　　　　　　이것은 그녀의 노트북이다.

→ This is WHOSE laptop.　　　　　　이것은 (누구의) 노트북이다.

→ Whose laptop is this?　　　　　　이거 누구의 노트북이야?

unit 2. what과 which로 의문문 만들기

what은 '무엇'을 뜻하는 의문사입니다. 묻고자 하는 대상이 '무엇이, 무엇을'에 해당할 때 what으로 바꾸면 됩니다.

Staying up all night makes him exhausted.　밤을 새는 건 그를 지치게 한다.

→ What makes him exhausted?　　　　　무엇이 그를 지치게 할까?

무엇이 그를 지치게 하는지 묻고자 staying up all night를 의문사 what으로 바꾸었습니다. 이때 what이 주어 역할을 하면서 문장의 가장 앞에 오므로 'What(주어) +동사'의 어순을 그대로 두면 됩니다.

이번에는 의문사 what이 목적어를 대신하는 경우입니다. his homework를 물어보는 what을 앞세우고 주어와 동사 자리를 바꾸어 의문문을 만듭니다.

He did **his homework** last night.　　그는 어젯밤에 숙제를 했다.

→ He did **WHAT** last night.　　그는 어젯밤에 (무엇을) 했다.

→ **What** did he do last night?　　그는 어젯밤에 뭘 했어?

● which

which는 '어느 것'을 뜻하는 의문사입니다. 묻고자 하는 대상이 '어느 것이, 어느 것을'에 해당할 때 which로 바꾸면 됩니다.

This one would be best for me.　　이것이 내게 가장 좋을 것이다.

→ **Which** would be best for me?　　어느 것이 내게 가장 좋을까?

주어 this one을 묻고자 의문사 which를 사용했습니다. which가 주어 역할을 하면서 가장 앞에 오므로 'Which(주어) + 동사'의 어순을 그대로 두었습니다.

마찬가지로 목적어 this one을 묻는 의문문도 보겠습니다.

You would like **this one** best.　　너는 이게 가장 마음에 들 거야.

→ You would like **WHICH** best.　　너는 (어느 것이) 가장 마음에 들 거다.

→ **Which** would you like best?　　너는 어느 게 가장 마음에 들어?

unit 3. which/what + 명사로 의문문 만들기

'which + 명사'는 '어느 (명사)'에 해당하는 의문사로 동사 앞이나 뒤에 옵니다.
아래 문장처럼 여러 색 중에 어느 색인지를 묻고 싶을 때 which color로 표현합니다.
이때 which color는 주어 역할을 하므로 'Which color(주어) + 동사'로 어순은 그대로
두고 물음표만 붙입니다.

This color goes well with my shirt.   이 색이 내 셔츠와 잘 어울린다.

→ **Which color** goes well with my shirt?   어느 색이 내 셔츠와 잘 어울려?

* go well with : ~와 잘 어울린다.

which의 경우와 마찬가지로 'what + 명사'는 '어떤 (명사)'에 해당하는 의문사로 동
사 앞이나 뒤에 옵니다.

She has **some great plans**.   그녀는 몇 가지 좋은 계획이 있다.

→ She has **WHAT plans**.   그녀는 (어떤) 계획이 있다.

→ **What plans** does she have?   그녀는 어떤 계획을 가지고 있나요?

이 문장에서는 some great plans를 what plans로 바꾸어 물었습니다. what plans
가 한 덩어리로 움직여 문장 앞으로 오고, 주어와 동사 자리가 바뀝니다.

unit 4. when, where, why, how로 의문문 만들기

의문사 when, where, why, how를 사용하는 의문문도 앞의 경우와 같습니다.
묻고자 하는 내용(언제, 어디서, 왜, 어떻게)에 해당하는 의문사를 문장 앞에 내세우고, 주어와

동사의 자리를 바꾸면 됩니다.

When did you see your ex-girlfriend?	너는 **언제** 전 여자친구를 만났어?
Where do you always eat steak?	너는 항상 **어디서** 스테이크를 먹어?
Why didn't you answer her phone?	너는 **왜** 그녀의 전화를 받지 않았어?
How do you feel about him?	너는 그에 대해 **어떻게** 생각해?

여기까지 의문사 9개를 사용한 의문문 만들기에 대해 모두 알아보았습니다만, 다시 한 번 규칙을 정리하자면 이렇습니다.

1. 묻고자 하는 내용에 해당하는 의문사를 문장의 가장 앞에 놓는다.

2. 주어와 동사의 자리를 바꾸고, 물음표를 붙인다.

하나의 예외는 Who sent you?(누가 너를 보냈어?)처럼 의문사가 주어의 역할을 같이 하는 경우였지요. 이때는 '의문사(주어) + 동사'의 어순이 됩니다.

이렇듯 Wh- 의문문을 만드는 규칙은 간단한데, 의문문 활용에 어려움을 느낀다면 그것은 '익숙하지 않아서'입니다. 외국어에 익숙해지는 가장 좋은 방법은 기본적인 문법을 이해한 상태에서 '자꾸 써먹어 보는' 것이고요.

unit 5. Wh- 감탄문

감탄문은 '(주어가) 얼마나 ~한지!'라는 식으로 표현되는 문장이지요. 영어에서 감탄문에 사용되는 Wh-는 what과 how입니다.

A. **What** a handsome person he is!

   그 남자는 얼마나 잘생겼는지!(정말 잘생겼어!)

B. **How** great the musical was!   그 뮤지컬은 얼마나 대단했는지!

C. **How** much I love her!   내가 그녀를 얼마나 사랑하는지!

A~C의 공통된 표현은 '얼마나 ~한지!'입니다. A는 명사(잘생긴 사람)가 얼마나 잘생겼는지, B는 형용사(대단하다)가 얼마나 대단했는지, 그리고 C는 부사(많이)가 얼마나 많이 사랑하는지를 표현합니다.

우리말은 명사, 형용사, 부사에 관계없이 '얼마나 ~한지!(정말 ~해!)'로 감탄을 나타냅니다. 하지만 영어는 감탄을 나타내는 대상이 무엇인시에 따라 사용하는 감탄사가 다릅니다. 명사일 때는 what, 형용사와 부사일 때는 how가 쓰입니다.

명사에 대한 감탄사   : What + **명사** (a handsome person)

형용사, 부사에 대한 감탄사 : How + **형용사 or 부사** (great, much)

● **감탄문의 어순**

Wh-는 문장의 가장 앞으로 나오려는 특성이 있다고 했지요. 학창 시절에 'what a/an + 형 + 명 + 주 + 동'으로 외웠던 것의 원리는 여기에서 비롯됩니다. 명사 a handsome person이 얼마나 잘생겼는지를 나타내는 what이 문장의 가장 앞으로 나오고, 감탄의 대상이 되는 명사가 바로 뒤따르는 식이지요.

He is a **WHAT** handsome person.   그는 (얼마만큼) 잘생긴 사람이다.

→ **What** a handsome person he is!

마찬가지로 앞의 예문에서처럼 'How + 형용사, 부사'(How great/ How much)도 한 덩어리로 움직여 문장 앞으로 나옵니다.

● 감탄문이 명사절로 쓰이는 경우

감탄문은 다른 문장의 명사 자리에 들어가 명사절로 쓰일 수도 있습니다.

이때 동사 앞에 나오는 경우는 거의 없으며, 주로 동사 뒤, 혹은 전치사 뒤에 위치해 목적어 역할을 합니다.

See what a handsome person he is.

저 남자 얼마나 잘생겼는지 좀 봐.

We were talking about how great the musical was.

우리는 그 뮤지컬이 얼마나 대단했는지 얘기하고 있었다.

Guess how much I love you.

내가 널 얼마나 사랑하는지 맞혀 봐.

명사 자리의 that 절

Say that you love me. 날 사랑한다고 말해

문장에서 동사의 앞과 뒤, 전치사 뒤에는 대개 명사가 옵니다. 지금까지는 이 명사 자리에 모두 명사(대명사도 포함)가 오는 경우를 공부했습니다.

He suddenly disappeared. 그가 갑자기 사라졌다.

We attended the **meeting**. 우리는 그 회의에 참석했다.

위에서 색으로 표시한 단어는 모두 명사입니다. 동사 disappeared 앞에, 그리고 attended 앞뒤에 명사나 대명사가 왔습니다.

이에 비해 지금부터는 명사 자리에 '문장'이 들어가는 형태를 알아보겠습니다.

정확하게 표현하자면 명사 자리에 '절clause, 節'이 들어갔다고 해야 합니다. 절이란 주어와 동사가 있어서 문장sentence의 모양새를 갖췄지만, 단독으로는 쓰이지 못하는 단어 덩어리를 말합니다.

I think that she is smart. 나는 그녀가 똑똑하다고 생각한다.

= I think. + She is smart. (나는 생각한다 + 그녀는 똑똑하다)

이 문장은 2개의 문장이 합쳐졌습니다. 전체 문장의 주어와 동사는 '나는'과 '생각한다'이고, think의 내용에 해당하는 '그녀는 똑똑하다고'가 절이 되는 것입니다.

이 절을 that이 이끌고 있는데, 이처럼 명사 자리에 들어가는 절을 '명사절'이라고 합니

다. 명사절에는 크게 네 가지가 있습니다. that 절, Wh-절, to 절, ing 절이지요. 먼저 that 절부터 하나씩 보겠습니다.

lesson 18~22까지는 명사절 네 가지를 차례로 공부하게 돼요. 이들 명사절만 제대로 이해해도 영어 문장의 구조가 한눈에 들어올 거예요.
참고로 to 절, ing 절은 이전 문법에서 to 부정사절, 분사절이라고 부르는 것들이에요.
Wh-절은 Wh- 의문사로 시작하는 절을 말하고요.

unit 1. that의 정체는 접착제!

that 절에서 that의 정체는 접속사입니다. 접속사는 마치 접착제처럼 문장이나 절의 연결고리 역할을 하는 품사이지요. 접속사 that을 내세워 절을 이끄니까 that 절이라고 부르는 것이고요.
that 절은 동사 앞이나 뒤에 올 수 있습니다.

● 동사 앞에 that 절이 오는 경우

That he loves me surprises her.
그가 나를 사랑한다는 것이 그녀를 놀라게 한다.

That he loves me는 하나의 주어 역할을 하기 때문에 단수로 취급합니다. 그래서 동사 surprise에 -s가 붙었지요.
그런데 that 절이 예문처럼 주어 자리에 오는 것은 선호되지 않는 방식입니다. 영어는 주어가 '뚱뚱하면' 뒤로 보내려는 특성이 있기 때문이지요.
그런 이유로 주어 자리의 that he loves me를 뒤로 보내는데, 이때 주어 자리가 비게 되지요. 그래서 빈 주어 자리에 딱히 의미가 없는 가주어 it을 넣어 줍니다. 이런 문장 형태가 몇 번쯤은 들어 봤을 It~that 가주어, 진주어 구문입니다. 여기서 it은 가짜 주어이니까 번역은 되지 않습니다.

It surprises her **that he loves me**.

가주어　　　　　　　　　　**진주어**

● 동사 뒤에 that 절이 오는 경우

이번에는 that 절이 be 동사나 일반동사, 간접목적어 뒤에 오는 경우입니다.

The fact is **that I am scared**.　←**be 동사 뒤**

사실은 내가 무섭다는 것이다.

I hope **that they will remember you**.　←**일반동사 뒤**

나는 그들이 당신을 기억하길 바랍니다.

He taught me **that money didn't mean everything**.　←**간접목적어 뒤**

그는 내게 돈이 모든 걸 의미하지 않는다고 가르쳤다.

that 절의 that은 일반동사 뒤, 간접목적어 뒤에서 생략이 가능합니다.(be 동사 뒤에서는 생략 불가능) that 절을 목적어로 받는 동사는 말이나 생각을 나타내는 경우가 많은데, that을 생략해도 의미상 문제가 없기 때문입니다. 특히 회화체에서는 곧잘 생략됩니다.

I hope (that) they will remember you.

He taught me (that) money didn't mean everything.

unit 2. that 절을 목적어로 받는 타동사

that 절을 목적어로 받아서 말, 생각을 나타내는 동사로는 say, think, believe, know 등이 있습니다. 이들 타동사 다음에 오는 that 절 전체가 명사 자리에서 목적어 역할을 하게 됩니다.

> I know <u>that many people will not believe him.</u> ← **목적어 역할**
> 나는 많은 사람이 그를 믿지 않을 거라는 것을 안다.
>
> Say <u>that you love me.</u>   날 사랑한다고 말해.
>
> I thought <u>that you had lost your watch.</u>   난 네가 시계를 잃어버린 줄 알았어.

이 밖에 expect, find, suggest, realize 등도 that 절을 목적어로 받는 동사입니다.

> You have to realize <u>that you can't always win.</u>
> 넌 네가 항상 이길 수 없다는 걸 깨달아야 해.
>
> The study found <u>that women lived longer than men.</u>
> 그 연구는 여성이 남성보다 더 오래 산다는 것을 알아냈다.
>
> We expect <u>that things will get better.</u>
> 우리는 상황이 좋아질 거라고 기대한다.

unit 3. that 절을 이끄는 수여동사

수여동사는 간접목적어와 직접목적어 두 개를 이끄는 동사이지요.
이때 직접목적어 자리에 that 절이 올 수 있습니다. that 절을 직접목적어로 받는 동사로
는 tell, show, teach 등이 있습니다.

We told them that we would succeed.

우리는 그들에게 성공할 거라고 말했다.

Our research showed us that teenagers were interested in BTS.

우리의 연구는 십대들이 BTS에 흥미가 있다는 것을 보여 주었다.

My parents taught me that honesty was always the best.

내 부모님은 정직이 언제나 최선이라고 내게 가르치셨다.

이 밖에 that 절을 직접목적어로 받는 수여동사로는 assure, inform, promise, warn 등이 있습니다.

I assured you that we can do this.

나는 네게 우리가 이것을 할 수 있다고 분명히 말했어.

I informed my boss that I was going to get married next month.

나는 상사에게 다음 달에 결혼할 거라고 알려주었다.

He promised me that he would be home early tonight.

그는 내게 오늘밤 일찍 집에 오겠다고 약속했다.

Wh- 의문사절과 명사절

This is where I used to work. **여기가 내가 일했던 곳이야**

우리는 앞에서 that으로 시작하는 절이 명사 자리에 온다는 것을 알았습니다. 마찬가지로 Wh-로 시작하는 절 역시 명사 자리에 올 수 있습니다.

Wh- 의문문은 '의문사 + 동사 + 주어' 또는 '의문사(주어) + 동사'의 어순을 가지는 하나의 문장입니다. 의문문의 '문文'이라는 글자에서 알 수 있듯이 '문장'이기 때문에 아래처럼 독립적으로 쓰입니다. 다시 말해, 이대로는 다른 문장을 구성하는 성분으로 쓰이지 않는다는 말이지요.

What are you thinking about?   너는 무슨 생각해?

그에 비해 이번 lesson에서 소개하는 Wh-절은 '절'이기 때문에 단독으로 쓰이지 못합니다. 그 대신에 명사 자리인 동사 앞과 뒤, 전치사 뒤에서 다른 문장의 구성 성분으로 사용됩니다.

Wh-절은 의문문의 어순을 '의문사 + 주어 + 동사'로 바꾸면 됩니다. 의문사가 주어로 쓰인 경우에는 이미 '의문사 주어 + 동사'의 어순이기 때문에 Wh-절의 어순은 의문문과 동일한 형태가 됩니다.

그러면 앞의 예문을 Wh-절로 바꾸어 각각의 자리에 넣어 보겠습니다.

A. **What you are thinking about** is not important.

네가 무엇을 생각하는지는 중요하지 않다.

B. I don't know **what you are thinking about**.

나는 네가 무엇을 생각하는지 모른다.

C. She is interested in **what you are thinking about**.

그녀는 네가 무엇을 생각하는지에 흥미가 있다.

이들 문장에서 what you are thinking about라는 의문사절이 A에서는 동사 앞, B에서는 동사 뒤, C에서는 전치사 뒤에 놓였습니다.

unit 1. 의문사절과 명사절은 '의문의 성격'으로 갈린다

앞 세 문장의 Wh-절에는 '의문의 성격'이 강합니다. 이처럼 Wh-절에 의문의 성격이 강한 경우에 Wh- 의문사절이라고도 부릅니다. 그렇다면 Wh-절에 의문의 성격이 없는 경우도 있을까요? 네, 있습니다.

A. He asked me **what I want for birthday**. ← **의문의 성격이 있음**

그는 내게 생일에 **무엇을 원하는지**를 물었다.

B. He will buy **what I want for birthday**. ← **의문의 성격이 없음**

그는 내가 생일에 **원하는 것**을 살 것이다.

이 두 문장의 Wh-절은 what I want for birthday로 똑같습니다. 하지만 해석에는 차이가 있습니다.

A 문장은 동사 asked가 쓰여 '의문의 성격'(무엇을 원하는지)이 강합니다. 따라서 Wh-절을 의문사절로 판단합니다. 반면에 B는 문장 자체에 의문의 뜻이 없습니다. A와 똑같은 절이 B 문장에서는 '원하는 것'이라는 뜻을 갖습니다. 이 경우의 Wh-절은 목적어 자리에 온 명사절로 판단합니다.

Wh- 의문사로 시작하는 절은 2가지입니다. Wh- 의문사절과 Wh- 명사절인데, 이 둘을
나누는 것은 바로 '의문의 성격'이에요.

1. 의문사절 : Wh-절에 의문의 성격이 강한 경우
2. 명사절   : Wh-절에 의문의 성격이 없는 경우

unit 2. Wh- 의문사절

Wh-절이 의문사절로 쓰이는 경우부터 좀 더 알아보겠습니다. Wh- 의문문이 다른 문장
의 '절'이 되면서 의문의 성격은 그대로 남게 됩니다.

앞의 문장이 의문문, 뒤 문장이 의문사절로 쓰인 경우입니다.

● who, whom, whose

의문문   Who closed the door?   누가 문을 닫았어?

의문사절   I wonder **who closed the door**.   누가 문을 닫았는지 궁금하다.

Whom did he mention in the meeting?   회의에서 그가 누구를 언급했어?

I didn't know <u>whom he mentioned in the meeting</u>.

나는 그가 회의에서 누구를 언급했는지 몰랐다.

Whose idea is it?   그거 누구 아이디어야?

Do you know <u>whose idea it is</u>?   그거 누구 아이디어인지 알아?

• what, which / what + 명사, which + 명사

의문문	What did he do last night?	그는 어젯밤에 뭘 했어?
의문사절	We wondered what he did last night.	
	우리는 그가 어젯밤에 뭘 했는지 궁금했다.	

Which would be best for me?   어느 것이 내게 가장 좋을까?

I asked my mother which would be best for me.

나는 엄마에게 어느 것이 내게 가장 좋을지 물었다.

What plans does she have?   그녀는 어떤 계획을 가지고 있나요?

I don't know what plans she has.   나는 그녀가 어떤 계획을 가지고 있는지 모른다.

• when, where, why, how

의문문	When did you see your girlfriend?	너는 언제 여자 친구를 봤어?
의문사절	Do you know when you saw your girlfriend?	
	너는 언제 네 여자 친구를 봤는지 아니?	

Where do you always eat steak?   너는 늘 어디서 스테이크를 먹어?

I wonder where you always eat steak.

나는 네가 늘 어디서 스테이크를 먹는지 궁금해.

Why didn't you answer her phone?   너는 왜 그녀의 전화를 받지 않았어?

My father asked me why you didn't answer her phone.

아버지는 내게 왜 네가 그녀의 전화를 받지 않았는지 물었다.

How do you feel about him?　　너는 그에 대해 어떻게 생각해?

I wonder how you feel about him.

나는 네가 그에 대해 어떻게 생각하는지 궁금해.

● whether, if 의문사절

앞에서 여러 Wh- 의문사에 대해 배웠습니다만, 그것 말고도 Wh- 의문사는 또 있습니다. 바로 whether입니다.

'Do you know him?'이라는 질문을 Wh- 의문사절로는 어떻게 표현할 수 있을까요? 이때 쓸 수 있는 의문사가 whether(~인지 아닌지)입니다.

whether 의문사절 역시 명사 자리에 위치하며 동사 앞과 뒤, 전치사 뒤에 모두 올 수 있습니다.

A. I wonder whether you know him.　　나는 네가 그를 아는지 궁금하다.

B. Whether he is rich or not doesn't matter to me.

　　그가 부자인지 아닌지는 내게 중요하지 않다.

C. The project is based on whether he will join us.

　　그 프로젝트는 그가 우리와 함께할지에 달려 있다.

B 문장처럼 whether 의문사절에 부정의 의미를 덧붙일 때는 or not을 추가하면 됩니다. 그리고 whether 의문사절이 동사 뒤 목적어 자리에 올 때는 whether 대신에 if를 사용할 수 있습니다.

I don't know whether she will like me.　　나는 그녀가 나를 좋아할지 모르겠다.

= I don't know if she will like me.

unit 3. Wh- 명사절

Wh-절에 의문의 성격이 없을 때는 의문사절이 아니라, 명사절로 보면 된다고 앞에서 설명했습니다. 예를 들어 what이 명사절에 쓰일 때는 대개 '~한 것'으로 해석되는데, 여기에 의문의 뜻은 없습니다.

명사절은 동사 앞과 뒤, 전치사 뒤에 올 수 있습니다.

What we need is love and affection.
우리에게 필요한 것은 사랑과 애정이다.
I don't believe **what she said last night**.
나는 그녀가 지난밤에 말한 것을 믿지 않는다.
It is different from **what he said yesterday**.
이건 그가 어제 말한 것과 다르다.

'what + 명사'가 한 덩어리를 이루어 Wh- 명사절에 쓰일 때는 '어떤 (명사)든' 또는 '모든 (명사)'라는 의미를 갖습니다.

Tell me **what problems you have**.
네가 가지고 있는 어떤 문제든 내게 말해.
What mistakes she makes gets me angry.
그녀가 저지르는 모든 실수가 나를 화나게 한다.

● when, where, why, how

what에 이어서 when, where, why, how가 명사절에 쓰이는 경우를 하나씩 알아보겠습니다. 이들 문장에 의문의 뜻은 없고 대신에 '~인 때, ~한 곳, ~한 이유, ~한 방식' 등의 뜻을 갖습니다.

① 명사절에 쓰인 when : ~인 때

Today is when we must decide.

오늘은 우리가 꼭 결정해야 하는 날이다.

Do you remember when we had first kiss?   우리가 처음 키스한 때를 기억해?

② 명사절에 쓰인 where : ~인 곳

This is where I used to work.   여기가 내가 일했던 곳이야.

He walked back to where he had been sitting.

그는 앉아 있던 곳으로 되돌아 걸어 갔다.

③ 명사절에 쓰인 why : ~인 이유

She didn't love me. That's why she left me.

그녀는 나를 사랑하지 않았다. 그게 그녀가 날 떠난 이유다.

Have you thought more about why you were locked up?

당신이 감금당한 이유에 대해 더 생각해 봤습니까?

④ 명사절에 쓰인 how : ~인 방식

I was surprised at how he was walking.

나는 그가 걷는 방식을 보고 놀랐다.

Tell me how this machine works.

이 기계가 작동하는 방식을 내게 말해 줘.

● **간접의문문이라는 명칭이 잘못된 이유**

'Wh- + 주어 + 동사' 어순을 가진 절을 흔히 '간접의문문'이라고 부릅니다. 하지만 이 명칭과 실제 쓰임새 사이에는 어긋나는 점이 있습니다.

A. Do you know **when we met**? 우리가 언제 만났는지 너는 알아?

B. I know **when we met**. 나는 우리가 만난 때를 알아.

A와 B 문장은 둘 다 목적어로 when we met가 왔습니다.

A는 문장 자체에 의문의 성격이 강하다는 점에서 Wh-절이 의문사절로 쓰였고, B는 의문의 성격이 없는 명사절로 쓰였습니다. 그런데 A에 쓰인 when we met의 형태를 간접의문문이라고 부르는 경우가 있습니다.

A의 when we met가 간접의문문이라면 똑같은 모양의 '~문文'인 B의 when we met도 물어보는 의미여야 합니다. 하지만 B에서 의문의 성격은 찾을 수 없지요. '언제 만났는지 묻는 것을' 안다는 게 말 자체가 안 되니까요.

게다가, 이들 문장은 wh-절이 독립적으로 쓰이지 않았기 때문에 '~문文'이라고 부르는 것부터가 맞지 않습니다.

■ 괄호에 적절한 의문사를 하나씩 고르세요.

1. (How, What) old do you think I look?

   내가 몇 살처럼 보이세요?

2. (What, Which) do you like better, A or B?

   A와 B 중에 뭐가 더 마음에 들어?

3. Study and practice. That is (how, what) my teacher is always saying!

   공부하고 연습하자. 그게 우리 선생님이 늘 하는 말씀이야.

4. How did you know (where, which) I was? Did you follow me?

   내가 있던 곳을 어떻게 안 거야? 날 따라왔어?

5. Why is this thing here? I don't know (where, what) this came from.

   왜 이게 여기에 있지? 나는 이게 어디서 온 건지 모르겠어.

■ 괄호에 적절한 단어를 보기에서 골라 넣으세요.

<that, whether, how, what, why>

6. She doesn't know (   ) she can be rude at times.

   그녀는 이따금 자신이 무례할 수 있다는 걸 알지 못한다.

7. I don't understand (   ) young people behave these days.

   나는 요즘 젊은이들이 행동하는 방식을 이해하지 못하겠어.

8. I don't remember (   ) he owed me some money.

   그가 나한테 돈을 빌렸는지 아닌지 기억이 안 나.

9. We shouldn't forget (   ) the true happiness is.

   우리는 진정한 행복이 무엇인지 잊으면 안 된다.

10. He told us (   ) he didn't invite Sam to this party.

    그는 우리에게 샘을 이 파티에 초대하지 않은 이유를 말해 주었다.

명사 자리의 to 절

I told him to go home. **나는 그에게 집에 가라고 말했다**

명사 자리는 동사의 앞과 뒤, 전치사 뒤이지요. 여기에 명사 혹은 문장이 오게 됩니다. 명사 자리에 들어가는 문장(절)을 이끄는 장치로 that과 Wh-가 있다는 것을 lesson 18과 19에 걸쳐 살펴보았습니다.

이번 lesson에서는 절을 이끄는 장치로 to가 쓰이는 경우를 알아볼 텐데, 그와 관련해 우리말 문장부터 보겠습니다.

'어려운 사람을 도와주다, 중요하다.'

무슨 말인지 이해는 가지만, 표현은 영 어색합니다. 이 예문을 어색하게 만드는 것은 동사 '도와주다'가 어법에 맞는 역할을 못 하기 때문입니다. 이 부분을 '도와주는 것은'으로 바꾸면 그제야 자연스러워지지요.

'어려운 사람을 도와주는 것은 중요하다.'

영어에서는 이 역할을 to 부정사로 나타낼 수 있습니다.

To help a person in need is important.

unit 1. to 부정사의 이해

'to 부정사'라는 용어는 아주 익숙할 것입니다. 부정사不定詞의 '부정'은 아무것으로도 정해지지 않았다는 의미입니다. 그렇듯 부정사는 주어의 인칭이나 수, 시제와 상관없이 동사가 원래 모양을 가지는 것을 말합니다. 이 부정사가 전치사 to와 함께 쓰인 게 to 부정사절, 즉 to 절입니다.

He likes to watch movies.   그는 영화 보는 것을 좋아한다.

이 문장의 to watch movies는 '영화를 보는 것'이라는 의미로, 목적어 자리에서 명사절로 쓰였습니다. to 부정사는 이처럼 명사적인 용법 외에 형용사, 부사 역할을 하기도 하는데, 이번 lesson에서는 명사처럼 쓰이는 경우를 살펴보고 나머지는 뒤에서 다시 다루겠습니다.

명사처럼 쓰이는 to 절은 예전 문법에서 to 부정사의 명사적 용법으로 설명하는 것과 같아요. to 부정사가 동사의 앞과 뒤에서 명사 역할을 하는 거지요.
마찬가지로 to 절이 형용사, 부사 역할을 하는 것은 to 부정사의 형용사적 용법, 부사적 용법에 해당하는데, 이 같은 명칭보다는 to 부정사절이 각각 명사, 형용사, 부사처럼 쓰인다는 개념을 이해하는 게 중요해요.

unit 2. to 절의 자리는 동사 앞과 뒤

that 절과 Wh-절처럼 to 부정사도 명사 자리에 들어가는 절을 이끌기 때문에 to 절이라고 부릅니다. to 절이 들어가는 명사 자리는 동사 앞과 뒤입니다.
동사 앞에 놓여 주어 역할을 하는 to 절부터 보겠습니다.

To tell the truth is important.   진실을 말하는 것은 중요하다.

To speak several languages is an advantage.
여러 언어를 말하는 것은 장점이다.

주어 자리에 절이 오면 주어가 뚱뚱해지는데, 영어는 이를 싫어한다고 했지요? 그래서 주어 자리의 to 절을 문장의 뒤로 보내고, 비어 있는 자리는 아무 의미 없는 가주어, it으로 채우는 게 일반적인 쓰임새입니다.

To tell the truth is important.

→ **It** is important **to tell the truth**.

To speak several languages is an advantage.

→ **It** is an advantage **to speak several languages**.

다음은 to 절이 동사 뒤에 오는 경우입니다. to 절은 be 동사 뒤에 놓여 보어 역할을 하거나, 타동사 뒤에 놓여 목적어 역할을 합니다.

His job is **to assist you**. 그의 일은 너를 도와주는 것이다.

My dream is **to run my own business**. 내 꿈은 나만의 사업을 운영하는 것이다.

I plan **to go there**. 나는 그곳에 갈 계획이다.

She decided **to study English**. 그녀는 영어를 공부하기로 결심했다.

unit 3. 방향성을 지니는 타동사와 전치사 to

to 절의 to는 전치사로서 방향성의 뉘앙스를 지닙니다. 예컨대 go to school이나 영화 제목 〈Back to the future(다시 미래로)〉에서 학교, 미래라는 대상으로 향하는 방향성이 느껴지는 것과 같습니다. 이처럼 to 절에 방향성이 있기 때문에 to 절을 목적어로 취하는 타동사 또한 미래 지향적인 방향성을 갖습니다.

방향성을 지니는 대표적인 타동사에는 decide(결심하다)가 있습니다.

He decided **to escape the prison**.   그는 감옥을 탈출하기로 결심했다.

방향성을 지니는 동사 decide 뒤에 escape the prison(감옥을 탈출하다)이라는 어구가 목적어로 오면서 방향성을 띠는 to가 붙었습니다. 쉽게 말해 '감옥을 탈출하는 방향으로' 결심한다고 보면 됩니다.

decide처럼 to 절을 목적어로 취하는 타동사로는 plan, agree, try, fail, refuse 등이 있습니다. to 절을 부정할 때는 to 앞에 부정어 not이나 never를 붙입니다.

He plans <u>to do his homework every night</u>.

그는 매일 밤 숙제를 하기로 계획한다.

The actor agreed <u>to do the film</u>.   그 배우는 영화를 찍기로 동의했다.

I am trying <u>not to cry</u>.   나는 울지 않으려고 애쓰고 있다.

unit 4. 방향성이 있는 타동사 + to 절의 주체

방향성이 있는 타동사 다음의 to 절은 그 주체를 드러내는 경우와 드러내지 않는 경우가 있습니다. 아래에서 to go there의 주체가 누구인지를 보기 바랍니다.

A. I want **to go there**.   나는 그곳에 가기를 원한다.

B. I want **you** **to go there**.   나는 네가 그곳에 가기를 원한다.

A 문장은 동사 want의 주체와 to 절(to go there)의 주체가 모두 I입니다. 주체가 동일하기 때문에 to 절에 행위자를 나타낼 필요가 없지요.

그에 비해 B 문장은 동사 want의 주체는 I이지만, to 절의 주체는 you입니다. 문장의 동사 주체와 to 절의 주체가 다르므로 to 절 앞에 행위자를 나타냅니다.

want처럼 to 절의 주체를 드러낼 수도, 드러내지 않을 수도 있는 타동사로는 ask(~하도록 요청하다), need(~하고 싶다), would like(~하고 싶다) 등이 있습니다.

He asked <u>to see the doctor</u>.	그는 진료받기를 요청했다.
He asked **her** <u>to see the doctor</u>.	그는 그녀가 진료받기를 요청했다.

I need <u>to go out for a walk</u>.	나는 산책하러 나가고 싶다.
I need **you** <u>to go out for a walk</u>.	나는 네가 산책하러 나가길 원한다.

I would like <u>to see this film</u>.	나는 이 영화를 보고 싶다.
I would like **you** <u>to see this film</u>.	나는 네가 이 영화를 보기를 바란다.

● to 절의 주체를 반드시 드러내는 경우

방향성이 있는 타동사의 목적어로 to 절이 올 때 to 절의 주체를 반드시 나타내는 경우가 있습니다. 대표적인 동사는 allow입니다.

He allowed **me** <u>to enter the room</u>.	그는 내가 방에 들어가도록 허락했다.

'상대가 어떤 행위를 하도록 ~하다'라는 표현은 거의 이런 형태를 가집니다.
정말 많은 동사가 이렇게 쓰일 수 있는데, 그중에 사용 빈도가 높은 타동사 몇 개만 예문을 통해 보겠습니다.

I told him to go home.	나는 그에게 집에 가라고 말했다.
I advised him to leave the company.	나는 그가 회사를 그만두도록 충고했다.
He warned me to be careful.	그는 내게 조심하라고 경고했다.
I will get him to fix my computer.	나는 그가 내 컴퓨터를 고치게 할 거야.

I teach young students to think about their future.

나는 어린 학생들이 그들의 미래에 대해 생각하게끔 가르친다.

● to 절의 주체 + to be

복합 타동사 중 일부는 'to 절의 주체 + to be' 형태로 목적어를 취합니다. 이때 be 동사는 정보 가치가 높지 않기 때문에 to be를 생략하는 경향이 있습니다. 그 대표적인 동사는 believe입니다.

I believe **him** to be the best player in the world.

= I believe him the best player in the world.

나는 그가 세계 최고의 선수라고 믿는다.

그 밖에 find, think, consider, feel, claim 등의 타동사가 주체와 함께 to be를 목적어로 받습니다.

I find this book to be useful.

= I find this book useful.　　　나는 이 책이 쓸모 있는 거 같아.

I think this beef to be so expensive.

= I think this beef so expensive.　　나는 이 소고기가 너무 비싸다고 생각해.

We considered Mr. Hong to be an excellent teacher.

= We considered Mr. Hong an excellent teacher.

우리는 Mr. 홍이 훌륭한 선생님이라고 여겼다.

I don't claim him <u>to be an expert</u>.

= I don't claim him an expert.   나는 그가 전문가라고 주장하지 않아.

He always feels himself <u>to be superior to his brother</u>.

= He always feels himself superior to his brother.

그는 항상 자신이 그의 형제보다 우월하다고 생각한다.

■ to 절을 5형식 문법으로 이해해서는 안 되는 이유

기존 문법에서는 아래의 A 문장을 3형식이라고 하고, B 문장은 5형식이라고 설명해요.
즉, 이러한 구조로 이해하는 거지요.

A. I want to go there.

　주어 + 동사 + 목적어(to go there) ⟶ 3형식

B. I want you to go there.

　주어 + 동사 + 목적어(you) + 목적보어(to go there) ⟶ 5형식

하지만 이 같은 구분은 이치에 맞지 않고, 효율적이지도 않아요.

B 문장에서 you to go there를 목적어, 목적 보어로 구분해 봤자 정작 의미상으로는
you to go there가 하나의 목적어 역할을 해요. 내가 원하는 것은 '너'가 아니라 '너가
그곳에 가는 것(you to go there)'이기 때문이지요.

to 절의 다양한 용법

Listen to my heart beat **for you.** 내 심장이 널 향해 뛰는 걸 들어 봐

to 절에서 전치사 to 없이 원형 동사만 오는 일이 있습니다. 학창 시절에 '사역 동사 + 목적어 + 원형 부정사(to가 없음)'라고 배웠을 그 패턴이지요.

일단, 아래 두 문장부터 비교해 보겠습니다.

A. Parents may get their daughters to come home early.

B. Parents may make their daughters come home early.

　　부모는 자신들의 딸이 집에 일찍 오도록 할 것이다.

A와 B는 뜻이 같지만, 형태는 조금 다릅니다. A 문장의 동사는 get이고 B 문장의 동사는 make입니다. 그리고 두 동사 모두 목적어로 'to 절의 주체 + to 절'을 취하는데, A에는 to 부정사가 그대로고 B에는 come 앞의 to가 빠졌습니다.

이처럼 목적어로 to 절이 올 때 동사에 따라 to가 빠지는 경우가 있습니다. 이를 가리켜 'to 삭제'라고 합니다.

unit 1. to 삭제를 동반하는 동사

make, let, have, help

to 절을 목적어로 취할 때 to 삭제가 일어나는 동사는 make를 비롯해 let, have, help

가 있습니다. 이들 동사가 이끄는 to 절에는 동사 원형이 와야 합니다.

I **made** him **tell** me the truth.	나는 그가 내게 진실을 말하게 했다.
Let them **sleep**. They are so exhausted.	자게 둬. 그들은 너무 지쳐 있어.
Have her **come** here right now.	그녀를 당장 여기에 오게 해.
You **helped** **her** (to) escape.	네가 그녀를 도망가도록 도왔구나.

 help를 준사역 동사로 부르며, 목적 보어로서 to 부정사와 원형 부정사가 모두 온다고
가르치는 경우가 많습니다. 틀린 설명은 아니지만, help 뒤에 to를 살리는 경우는 매우
드뭅니다.

● 사역 동사는 정해져 있지 않다

흔히 사역 동사 뒤에는 원형 부정사가 와야 한다고 설명합니다. 이러한 사역 동사로
make, let, have, help가 있다고 하고요.

이는 영어 학습자들에게 사역 동사가 이 네 개뿐이라고 착각하게 할 우려가 있습니다.
사역使役은 '일을 시킨다'는 뜻의 일본어식 표현이지요. 그런데 '어떤 행위를 시킨다'는
것이 위 네 개의 동사만 가능한 게 아닙니다.

I **told** you not to drive so fast.	내가 너무 빨리 운전하지 말라고 말했잖아.
Did you **pay** him to kill me?	나를 죽이라고 네가 그를 매수했어?

이들 문장에 사역의 의미가 있다고 말하면 고개를 갸우뚱할 사람이 많을 듯합니다. tell,
pay는 사역 동사가 아닌데, 어째서 사역의 의미가 있느냐는 거지요.

사역 동사는 정해져 있는 게 아닙니다. 문맥, 상황에 따라 다른 동사도 얼마든지 사역의
의미를 가질 수 있습니다. 위 문장의 tell은 상대에게 '운전을 빨리 하지 않도록' 한다는

점에서, pay 역시 그에게 '나를 죽이려는 행위를 하게끔 만들기' 때문에 사역 동사로 쓰였다고 봐야 합니다.

force(강요하다), order(명령하다) 같은 동사도 사역의 의미로 쓰일 수 있고, 반대로 사역 동사라고 하는 let이 〈겨울왕국〉의 주제곡 Let it go(그냥 내버려 둬)처럼 '사역'이 아니라 '허용'의 의미로 쓰이기도 합니다.

● 지각 동사 다음에도 to 삭제가 일어난다

지각 동사는 감각을 통해 어떤 대상을 알아차리는 경우의 동사를 뜻하지요. see, hear, watch가 대표적인데, 이들 동사가 이끄는 to 절에도 to가 빠집니다.

> I saw my boyfriend **talk** to some girl.
> 내 남자 친구가 어떤 여자와 얘기하는 걸 봤어.
> I heard Tony **go** upstairs.　　　나는 토니가 계단을 올라가는 소리를 들었다.
> I watched him **get** into a taxi.　　나는 그가 택시에 타는 걸 봤다.

이 밖에 feel, notice, listen to 같은 동사가 to 절을 목적어로 취할 때도 to 삭제가 발생합니다.

> I felt something **crawl** on my neck.　나는 뭔가가 내 목을 기어가는 걸 느꼈다.
> Listen to my heart **beat** for you.　　내 심장이 널 향해 뛰는 걸 들어 봐.

unit 2. to 절의 주어 상승

대부분의 학교 수업이나 문법책에서 'to 절의 상승'을 다루지는 않습니다. 그래서 용어 자체가 생소하지만, 이 개념은 그렇게 어려운 게 아니며 오히려 꼭 알아 두어야 할 문법 개념입니다.

설명을 이어 가기 전에 잠깐 수동태를 복습하겠습니다. 능동태, 수동태는 어떤 대상에 중점을 두는지에 따라 문장 형태가 달라졌지요.

A. Tony built the house in 2020.　　토니는 그 집을 2020년에 지었다.

B. The house was built in 2020 by Tony.

　　그 집은 2020년에 토니에 의해 지어졌다.

A와 B 문장의 주어는 각각 Tony와 The house입니다. A는 Tony를 주어로 내세워 그에 대한 이야기를 하는 것이고, 수동태인 B는 The house를 주어로 내세워 집에 관한 이야기로 풀어 냅니다.

이와 비슷하게, 주어 상승은 종속절의 주어를 주절의 주어로 올려 문장을 만든다는 의미입니다. 주어가 앞으로 나오는 대신에 종속절은 to 절로 바뀝니다.

● **주어 상승의 개념 이해하기**

People believe that he is a liar.　　사람들은 그가 거짓말쟁이라고 믿는다.

이 문장은 People을 주어로 타동사 believe가 that 절을 목적어로 이끌고 있습니다. 이때 문장의 주어를 People이 아니라, that 절의 he를 내세워 he에 관한 이야기로 하고 싶다면 어떻게 해야 할까요?

이를 위해 먼저 앞의 문장을 가주어 it을 사용한 수동태로 바꾸고, 그런 다음에 that 절의 주어 he를 문장의 주어 자리로 올려 보겠습니다.

It is believed that **he** is a liar.　　그는 거짓말쟁이라고 믿어진다. ← **수동태**

　→ He is believed that is a liar. (×)

주어 자리의 It이 빠지고 he가 앞으로 나왔습니다. 하지만 이 문장은 문법적으로 틀렸습니다. that 절은 '주어 + 동사'로 절을 이루는데, that 절의 주어가 비어 있기 때문입니다. 주어가 빠진 that 절을 문법적으로 옳게 하려면 to 절로 바꿔야 하고, to 다음에는 동사 원형이 오기 때문에 is 대신에 be를 사용합니다.

He is believed <u>to be a liar.</u>   그는 거짓말쟁이라고 믿어진다.

이것이 바로 주어 상승raising입니다. 처음 that 절의 주어인 he가 앞으로 올라와서 He에 관한 이야기로 시작하는 문장이 되었습니다.

● 주어 상승을 동반하는 타동사

주어 상승이 흔히 일어나는 타동사로는 think, say, believe, find, consider가 있습니다. 생각이나 인식을 나타내는 동사들이지요.

We think that **she** is beautiful.   우리는 그녀가 아름답다고 생각한다.

→ It is thought that she is beautiful.

→ **She** is thought <u>to be beautiful.</u>   그녀는 아름답다고 여겨진다.

They say that **he** is over 100.   그들은 그가 100살이 넘었다고 말한다.

→ It is said that he is over 100.

→ **He** is said <u>to be over 100.</u>   그는 100살이 넘었다고 일컬어진다.

● 주어 상승을 동반하는 자동사

자동사의 경우도 that 절의 주어를 문장의 주어로 올릴 수 있습니다. 주어 상승이 일어나는 자동사로는 seem, appear, turn out, happen이 있습니다. 자동사이니까 당연히 수동태 변환은 일어나지 않습니다.

It seems that **he** worries about her.

→ He seems to <u>worry about her.</u>   그는 그녀를 걱정하는 것처럼 보인다.

It turns out that **the news report about the murder** is false.

→ The news report about the murder turns out <u>to be false.</u>

그 살인 사건에 대한 기사는 거짓으로 드러났다.

● 주어 상승을 동반하는 be + 형용사

'be 동사 + 형용사'로 표현되는 것들 중 일부에서 주어 상승이 일어납니다.

be likely(~일 것 같다), be unlikely(~일 것 같지 않다), be certain/ sure(~임이 분명하다)로
모두 네 가지입니다.

It is likely that **interest rates** will rise. * interest rates : 금리, 이자율

→ Interest rates is likely <u>to rise.</u> 금리가 오를 것 같다.

It is certain(sure) that **this method** will work.

이 방법이 효과가 있을 게 분명하다.

→ This method is certain(sure) <u>to work.</u>

unit 3. to 절의 목적어 상승

앞의 주어 상승과 마찬가지로, to 절의 목적어를 문장의 주어로 올리는 것을 목적어 상승
이라고 합니다.

목적어 상승은 '쉬운/어려운', '좋은/나쁜'처럼 정도의 평가를 나타내는 형용사 뒤에서
일어납니다. 목적어 상승이 발생하는 대표적인 형용사로는 easy(쉬운), hard/difficult(어

려운), impossible(불가능한), pleasant(즐거운)가 있습니다.

It is hard to read **this novel**.　이 소설을 읽는 것은 어렵다.
→ **This novel** is hard <u>to read</u>.

It may be difficult to change **your habit**.　네 습관을 바꾸는 건 어려울지도 모른다.
→ **Your habit** may be difficult <u>to change</u>.

위 예문은 가주어 it을 주어로 to 절이 따라온 문장에서 to 절의 목적어인 this novel, your habit을 각각 문장의 주어로 올렸습니다.
to 절에서 전치사 with의 목적어도 문장의 주어로 올릴 수 있습니다.

It is pleasant to work with **her**.　그녀와 함께 일하는 것은 즐겁다.
→ **She** is pleasant <u>to work with</u>.

unit 4. 의문사 + to 부정사 용법

명사 자리에 들어가는 Wh- 의문사절을 기억하지요?(lesson 19) 복습 차원에서 예문을 하나만 보겠습니다.

I am wondering <u>how I can solve this problem</u>.
나는 이 문제를 어떻게 풀어야 할지 잘 모르겠다.

동사 wonder 뒤에 의문사절 how I can solve this problem이 왔습니다. 이 Wh-절을 to 절로 간단하게 표현할 수 있습니다.

I am wondering **how to solve this problem.**

Wh- 의문사절을 to 절로 바꾸어 표현하는 경우는 의문사절에 조동사가 있을 때입니다. to 절의 to는 미래 지향적인 방향성을 가지는데, can, should, will 같은 조동사도 미래에 대한 뉘앙스를 전하기 때문이지요.

이렇게 표현된 to 절은 동사의 앞과 뒤, 전치사 뒤의 명사 자리에 위치합니다.

<u>What you should do</u> is important in life.　　네가 뭘 할지는 인생에서 중요하다.

→ **What to do** is important in life. **[주어 역할]**

The thing is <u>when we should start this project.</u>

중요한 것은 우리가 언제 이 프로젝트를 시작해야 하는지다.

→ The thing is **when to start this project.** **[보어 역할]**

He didn't decide <u>whether he should answer the letter.</u>

그는 편지에 답을 할지 말지를 결정하지 않았다.

→ He didn't decide **whether to answer the letter.** **[목적어 역할]**

I am interested in <u>how I can write a novel.</u>

나는 내가 어떻게 소설을 쓸 수 있을지에 흥미가 있다.

→ I am interested in **how to write a novel.** **[전치사의 목적어 역할]**

unit 5. to 절의 시간 표현과 태

to 절도 문장의 의미를 담고 있기 때문에 시간 표현과 태를 적용할 수 있습니다. 먼저, 능동태 문장에서 to 절의 시점이 어떻게 달라지는지부터 보겠습니다.

● 능동태 to 절의 시간 표현

아래 예문의 to 절은 각각 단순 시제, 완료형, 진행형, 완료 진행형으로 쓰이는 경우입니다. 모두 자동사 구문의 주어 상승이 일어난 문장입니다.

> **A. He seems to work hard.** ← **현재 시제**
>
> 그는 열심히 일하는 것처럼 보인다.
>
> **B. He seems to have worked hard.** ← **완료형**
>
> 그는 열심히 일해 온 것처럼 보인다.
>
> **C. He seems to be working hard.** ← **진행형**
>
> 그는 열심히 일하고 있는 것처럼 보인다.
>
> **D. He seems to have been working hard.** ← **완료 진행형**
>
> 그는 열심히 일해 오고 있었던 것처럼 보인다.

이들 문장은 to 절의 주체인 He가 직접 일하기 때문에 모두 능동태가 쓰였습니다.

A 문장의 He seems는 현재 시점을 나타내지요. to work hard 또한 같은 시점에서 이루어지기 때문에 단순히 현재 시제를 사용합니다.

그에 비해 B 문장은 to 절의 시점이 다릅니다. '열심히 일하는' 행위가 He seems(현재 시점) 이전부터 이루어졌으므로 완료형을 사용합니다.

C 문장은 He seems라는 현재 시점과 동시에 이루어지는 진행 상황을 나타내기 위해 to 절에 진행형이, D 문장은 과거부터 현재 시점까지 계속 이루어지고 있는 행위이기 때문에 완료 진행형을 사용했습니다.

● 수동태 to 절의 시간 표현

이번에는 수동태 문장에서 to 절의 시점이 달라지는 경우입니다. 마찬가지로 모두 주어 상승이 일어났습니다.

A. Everyone needs <u>to be loved</u>. 모든 이는 사랑받아야 한다. ← **현재 시제**

B. This computer seems <u>to have been fixed</u>. ← **완료형**

   이 컴퓨터는 고쳐진 것처럼 보인다.

C. The meeting seems <u>to be being arranged</u>. ← **진행형**

   회의는 준비되고 있는 것처럼 보인다.

A 문장의 주어 everyone은 to be loved와 수동 관계를 가집니다. 사랑을 하는 게 아니라 받는다는 의미이지요. 이것과 그럴 필요가 있다는 의미의 needs는 양쪽 모두 현재 시점을 나타내므로 to 절에 단순 시제가 적용되었습니다.

그리고 B 문장은 컴퓨터가 현재 그렇게 보이는 시점보다 고쳐진 게 먼저이기 때문에 to 절에 완료형을, C 문장은 회의가 어떻게 진행되지 있는지 그 양상을 보여 주고자 진행형을 사용했습니다.

명사 자리의 ing 절

I enjoy watching movies. **나는 영화 보는 것을 즐긴다**

명사 역할을 하는 단어 덩어리, 즉 명사절은 모두 네 가지로 that 절, Wh-절, to 절, ing 절이 있다고 했지요. 오늘 공부하는 ing 절은 명사 자리에 들어가는 '문장(실제로는 절)'의 마지막 파트입니다.

unit 1. ing 절이란 뭘까?

ing 절은 to 절과 여러 모로 대조적인 느낌이 있습니다. to 절 때와 마찬가지로 우리말을 가지고 개념을 풀어 보겠습니다.

'밤늦게 먹다, 좋지 않다.'

무슨 말인지 뜻은 통하지만, 올바른 문장이라고 하기는 어렵습니다. 동사 '먹다'가 문장을 이어 주는 역할을 하지 않기 때문이지요. '밤늦게 먹다'를 '밤늦게 먹는 것은'으로 바꾸면 그제야 표현이 자연스러워집니다.

'밤늦게 먹는 것은 좋지 않다.'

영어에서는 이 역할을 동사에 ing를 붙여 나타낼 수 있습니다.

Eating late at night is not good.

동사에 ing를 붙여 명사 자리에 들어가게 하는 절 형태를 ing 절이라고 합니다. ing 절은 '~하는 것'이라는 의미를 가지며, 들어갈 수 있는 명사 자리로는 동사 앞과 뒤, 전치사 뒤입니다.

to 절의 to가 미래 지향적인 방향성을 지니는 데 비해, V-ing는 현재 일어나는 일이나 반복적인 현상을 나타낼 때에 쓰입니다.

Watching movies is what I like. ← 주어

영화를 보는 것은 내가 좋아하는 일이다.

My hobby is **reading a book**. ← 보어

내 취미는 책을 읽는 것이다.

My father stopped **smoking**. ← 목적어

아버지는 담배 피우는 걸 그만두었다.(끊었다)

We are interested in **making cakes**. ← 전치사 in의 목적어

우리는 케이크를 만드는 것에 흥미가 있다.

명사처럼 쓰이는 ing 절을 예전 문법에서는 '동명사'로 설명해요. 본래는 동사인데 ing가 붙어 명사 역할을 한다는 거지요.

이것을 동명사라고 하지 않고 ing 절로 분류하는 이유는 V-ing는 동명사뿐만 아니라 현재분사나 분사 구문에도 사용되기 때문이에요. 자리에 따라서 여러 문법 용어로 외우면 오히려 헷갈릴 수 있으므로 V-ing를 그 자체로 이해하는 게 바람직해요.

● ing 절의 부정 표현

ing 절을 부정할 때는 to 절과 마찬가지로 동사 앞에 not이나 never 같은 부정 표현을 넣으면 됩니다.

He regrets <u>not studying for the exam.</u>

그는 시험공부를 하지 않은 것을 후회한다.

You can help me by not helping me.

나를 돕지 않는 게 네가 날 도와주는 거야.

unit 2. ing 절에서 주어 드러내기

to 절은 그 주체를 드러내는 경우와 드러내지 않는 경우가 있었지요. ing 절도 마찬가지
인데, 비교를 위해 to 절을 잠깐 보겠습니다.

    A. I want to go there.   나는 그곳에 가고 싶다.

    B. I want him to go there.   나는 그가 그곳에 가길 원한다.

A 문장은 원하는 주체도, 그곳에 가는 주체도 나이기 때문에 to 절에서 주어를 드러내지
않습니다. 반면에 B 문장은 원하는 것은 나이지만, 그곳에 가는 주체는 그이지요. 따라서
주어를 드러내는데, '그'의 목적격인 him이 왔습니다.

ing 절도 비슷합니다. 아래의 두 문장은 전치사 of의 목적어로 ing 절이 왔습니다.

    A. I am proud of being the winner.

       나는 (내가) 우승자인 것이 자랑스럽다.

    B. I am proud of him(his) being the winner.

       나는 그가 우승자인 것이 자랑스럽다.

A 문장은 자랑스러운 감정을 느끼는 주체가 나이고, 우승자도 나입니다. 그래서 ing 절
에 주어를 드러내지 않습니다.

반면에 B 문장은 자랑스러움을 느끼는 주체는 나이지만, 우승의 주체는 그입니다. 그래

서 ing 절에 주어를 드러내야 하는데, ing 절의 주어는 목적격(him)이나 소유격(his)으로 표현합니다.

unit 3. ing 절의 시간 표현과 태

to 절에 시간 표현과 태를 적용할 수 있었지요. ing 절도 명사절로서 문장의 의미를 담고 있기 때문에 시간 표현과 태의 적용이 가능합니다.

먼저, 능동태 문장에서 ing 절의 시간 표현이 어떻게 달라지는지를 보겠습니다.

● **능동태 ing 절의 시간 표현**

A. I am proud of being your master. ← **현재 시제**

내가 너의 스승인 것이 자랑스럽다.

B. I remember having had dinner with him. ← **완료형**

나는 그와 저녁 식사한 걸 기억한다.

C. I remember having dinner with him. ← **현재 시제 허용**

나는 그와 저녁 식사한 걸 기억한다.

A 문장은 주어인 내가 상대의 스승인 것과 자랑스러움을 느끼는 게 모두 현재 시점임을 나타냅니다. B 문장은 내가 기억하는 것은 현재이고, 함께 저녁을 먹은 것은 그 이전이므로 ing 절에 완료형을 썼습니다.

그런데 B와 똑같은 의미의 C 문장은 의문이 생깁니다. 내가 기억하는 것은 현재 시점이고 그와 저녁을 먹은 것은 과거의 일인데, 어떻게 ing 절에 현재형을 쓸 수 있느냐는 거지요. 결론부터 말하자면 B와 C는 문법적으로 모두 맞습니다.

C처럼 ing 절의 내용이 전체 문장의 동사보다 과거의 일이라고 해서 무조건 완료형으로 표현해야 하는 것은 아닙니다. 문맥상 시간의 선후 관계를 이해하는 데 어려움이 없으면 얼마든지 단순 형태의 ing 절을 사용할 수 있습니다.

주어인 내가 기억하는 내용은 '(현재 이전에) 그와 식사를 한' 것이므로, 이는 누가 보더라도 사건의 순서가 명확하게 드러나지요. 그렇기에 문법에서도 허용하는 것인데, 아래처럼 선후 관계의 뉘앙스를 나타낼 때는 완료형을 써야 합니다.

I am guilty of **having stolen a car**.　　* guilty : 죄책감을 느끼는, 유죄의

　　나는 차를 훔친 것에 죄책감을 느낀다.

죄책감을 느끼는 것은 현재이고, 차를 훔친 것은 과거이기 때문에 ing 절에 완료형을 사용했습니다.

TIPS　B 문장의 having had dinner with him은 엄밀히 말하면 완료형이라고 하기보다는 선先 시제 표시에 해당합니다. 기준 시점보다 한 시제 앞선다는 것을 표현하기 위해 have V-ed가 적용된 것이지요.(75p 참고)

● 수동태 ing 절의 시간 표현

이번에는 ing 절이 수동태로 쓰일 때의 시간 표현에 대해 알아보겠습니다.

A. She hates <u>being photographed</u>. ← 현재 시제

　　그녀는 사진 찍히는 것을 싫어한다.

B. He is still angry about <u>having been fired.</u> ← **완료형**

그는 해고당한 것에 여전히 화가 나있다.

C. The students recalled <u>having been taught by him.</u> ← **완료형**

학생들은 그에게 가르침을 받은 걸 회상했다.

이들 문장의 ing 절은 사진을 찍히고, 해고당하고, 가르침을 받는다는 표현으로 모두 수동태가 쓰였습니다.

A 문장은 단순 시제이고, B 문장에서는 현재 화난 것과 과거에 해고당한 게 시간의 선후 관계에 있으므로 ing 절에 선 시제 표시인 have V-ed가 쓰였습니다.

그리고 C 문장의 동사 recalled는 과거이지요. 학생들이 회상한 시점보다 그 이전에 가르침을 받았기 때문에 B와 마찬가지로 한 시제 앞서야 합니다. 그래서 ing 절에 완료형, 즉 have V-ed가 적용되었습니다.

unit 4. to 절과 ing 절, 어떤 것을 써야 할까?

to 절과 ing 절은 둘 다 명사 자리에 들어가는 문장으로, 쓰임새에도 닮은 구석이 있습니다. 하지만 명사 자리에 아무렇게나 to 절과 ing 절을 넣어서는 안 됩니다.

어떤 동사 뒤에 to 절 또는 ing 절이 와야 하는지, to 절과 ing 절이 올 때 의미가 어떻게 달라지는지에 대해 살펴보겠습니다.

● **ing 절을 목적어로 취하는 동사**

ing 절을 목적어로 취하는 동사는 반복적이거나 일반적인 행위를 나타냅니다. 반면에 to 절은 미래 지향적인 방향성을 갖고 있지요.

예를 들어 '나는 영화 보는 것을 즐긴다.'를 영작할 때 목적어로 ing 절을 써야 할까요, 아니면 to 절을 써야 할까요?

I enjoy **watching movies**. (O)

I enjoy **to watch movies**. (×)

enjoy(즐기다)라는 동사는 일시적이거나 특정한 미래의 행위를 나타내지 않습니다. 평소에 느끼는 감정을 표현하는, 즉 반복적이거나 일반적인 행위이기 때문에 ing 절을 사용해야 합니다.

아래의 admit(인정하다)도 그렇습니다. admit는 지난 일에 대해 인정한다는 의미로 미래에 대한 방향성이 없지요. 따라서 목적어로 to 절이 아니라 ing 절을 사용합니다.

He admitted **stealing the purse**. (O)   그는 지갑을 훔친 걸 인정했다.

He admitted **to steal the purse**. (×)

마찬가지로 '좋아하다/싫어하다, 인정하다/부정하다, 중단하다/종료하다' 같은 동사 뒤에는 ing 절이 나옵니다.

① **좋아하다/ 싫어하다 류** : enjoy(즐기다), mind(꺼리다), dislike(싫어하다)

Do you mind closing the window?

창문 닫는 것을 꺼리시나요?(창문을 닫아도 될까요?)

② **인정하다/ 부정하다 류** : admit(인정하다), deny(부인하다)

He denied breaking the window.

그는 창문을 깬 걸 부인했다.

③ **중단하다/ 종료하다 류** : give up(포기하다), stop(멈추다), quit(그만두다)

I gave up persuading her.   나는 그녀를 설득하는 걸 포기했다.

이 밖에도 put off(미루다), imagine(상상하다), suggest(제안하다) 같은 동사들 다음에 ing 절이 목적어로 올 수 있습니다.

> **She can't put off going to the dentist any longer.**
> 그녀는 더 이상 치과에 가는 걸 미룰 수 없다.
> **He imagines getting married.** 　　그는 결혼하는 걸 상상한다.
> **He suggested having a drink after work.**
> 그가 퇴근 후 한잔하자고 제안했다.

여기서 동사 suggest는 '~를 제안하다'라는 뜻이니까, 미래 방향성을 가지는 to 부정사가 와야 한다고 생각할지도 모르겠습니다. 하지만 일반적인 행위를 나타낼 때에도 ing 절을 사용합니다. 위 예문의 suggest는 하루 일을 끝내고 한잔하자는 일상적인 제안이므로 to 절이 아니라 ing 절이 왔습니다.

목적어로 to 절을 쓸지, ing 절을 쓸지에 대해 모든 동사를 일일이 구분해서 외울 수는 없는 노릇입니다. 따라서 미래 지향성을 가질 때는 to 절, 감정 표현이나 반복적이고 일반적인 행위일 때는 ing 절을 쓴다는 큰 원칙을 알아두고 자주 쓰이는 동사, 예외인 경우에 익숙해지도록 노력하는 게 바람직합니다.

unit 5. ing 절, to 절이 올 때 의미가 달라지는 동사

ing 절과 to 절이 올 때 의미가 달라지는 경우와 의미 차이가 없는 경우가 있습니다. 의미가 달라지는 경우는 당연히 구분해서 써야 하고, 의미 차이가 없는 동사에는 ing 절이든 to 절이든 편한 대로 쓰면 됩니다.

● 동사가 자동사나 타동사일 때

문장의 동사가 자동사로 쓰였는지, 타동사로 쓰였는지에 따라 to 절과 ing 절의 의미가 달라질 수 있습니다. 예를 들어 동사 stop은 자동사로도 타동사로도 쓰이는데, 아래와 같은 의미 차이가 있습니다.

> **A. He stopped to smoke.**　　그는 담배를 피우려고 멈췄다.
>
> **B. He stopped smoking.**　　그는 담배 피우는 걸 그만두었다.(끊었다.)

A 문장의 stop은 자동사, B 문장은 타동사로 쓰였습니다. stop은 ing 절만을 목적어로 취한다고 설명하는 경우가 이따금 있는데, 그것은 동사의 성격을 제대로 이해하지 못해서입니다.

자동사 stop은 '(하던 행동을) 멈추다'라는 뜻으로 목적어 없이 그 자체로 의미를 전달합니다.(to smoke는 부사 역할) 그에 비해 B 문장의 stop은 타동사로 ing 절인 smoking을 목적어로 취해 '~를 그만두다'라는 뜻을 갖습니다.

아래 문장도 동사 practice의 성격에 따라 의미가 달라집니다.

> **C. We practiced everyday to speak English fluently.** ← **자동사**
>
> 　우리는 영어를 유창하게 말하기 위해 매일 연습했다.
>
> **D. Everyday we practiced speaking English.** ← **타동사**
>
> 　우리는 매일 영어로 말하는 걸 연습했다.

practice가 자동사로 쓰이면 '(주어가) 연습하다', 타동사로 쓰이면 '(목적어를) 연습하다'라는 의미가 됩니다. stop과 마찬가지로 C 문장의 to speak English fluently는 부사 역할(to 부정사의 부사적 용법)을 하고, D 문장은 practiced 뒤에 목적어로 speaking English가 와서 무엇을 연습했는지 나타냈습니다.

● to 절과 ing 절이 목적어일 때

이번에는 to 절과 ing 절이 동사의 목적어로 왔을 때 의미 차이가 생기는 경우를 보겠습니다. 동사 try는 목적어로 to 절과 ing 절을 받을 수 있는 대표적인 타동사인데, to 절일때와 ing 절일 때 의미가 달라집니다.

A. You should try to get up early.

일찍 일어나도록 노력해야 해.(넌 이제 고3이잖아!)

B. You should try getting up early.

일찍 일어나도록 해봐.(좋은 일이 있을 테니까.)

동사 try 뒤에 목적어로 A는 to 절을, B는 ing 절을 취했습니다.

A 문장의 try는 '애쓰다, 노력하다'라는 의미로 to 절이 와서 그 행위를 하는 데 힘이 든다는 뉘앙스를 가집니다.

그에 비해 B 문장의 try는 '한번 해보다'라는 의미로 ing 절이 와서 그 행위를 했을 때 좋은 결과가 뒤따를 수 있다는 기대감이 스며 있습니다.

아래의 forget도 to 절이 올 때와 ing 절이 올 때 뜻이 비슷한 듯하면서도 다릅니다.

A. I forgot to lock the door.　　나 문 잠그는 거 까먹었어.

B. I forgot locking the door.　　나 문 잠근 거 까먹었어.

A의 경우 문을 잠가야 했는데 그러지 않았음을 나타냅니다. 반면에 B는 문을 잠그기는 했는데, 그 사실을 잊어버린 경우입니다.

계속해서 remember, regret의 경우도 보겠습니다.

A. I remember to bring your umbrella.

나는 네 우산을 챙기는 걸 기억해.

B. I remember **meeting my best friend**.

나는 가장 친한 친구를 만난 걸 기억해.

A는 나중에 우산을 챙겨야 한다는 것을 기억한다는 의미이지요. 반면에 B는 이전에 친구를 만났고 그 사실을 기억한다는 말입니다.

A. I regret **to tell you about this**.

당신에게 이 말을 하게 돼 유감입니다.

B. I regret **staying up last night**. Now I am so tired.

어젯밤에 늦게 잔 거 후회해. 지금 너무 피곤해.

regret는 어떤 상황에 대해 마음 아프게 생각한다는 의미인데, 목적어로 to 절이 올 때와 ing 절이 올 때 뜻이 달라집니다.
A는 앞으로 할 행위에 대해 유감을 느낀다는 의미입니다. 그에 비해 ing 절이 온 B 문장은 이미 지나간 행위에 대해 느끼는 후회입니다.

● ing 절과 to 절의 의미 차이가 없는 경우

아래 동사들은 목적어로 to 절과 ing 절이 모두 올 수 있고, 의미 차이도 없습니다.

① 좋아하다/ 싫어하다 류 : like, love, prefer, hate

I like to go to the cinema.

= I like going to the cinema.   나는 극장에 가는 걸 좋아한다.

She prefers to wear a skirt.

= She prefers wearing a skirt.   그녀는 스커트 입는 걸 선호한다.

I hate to meet strangers.

= I hate meeting strangers.   나는 낯선 사람과 만나는 걸 싫어한다.

② 시작하다/ 계속하다 류 : begin, start, continue

We began to learn English.

= We began learning English.   우리는 영어를 배우기 시작했다.

The baby started to cry.

= The baby started crying.   그 아기는 울기 시작했다.

He continues to smoke.

= He continues smoking.   그는 담배를 계속 피운다.

■ **주어진 동사를 to VL나 V-ing 형태로 바꾸어 빈칸에 넣으세요.**

1. He tried to run a business, but he failed (   ) a lot of profits. ← **make**

   그는 사업을 운영하고자 노력했지만, 많은 수익을 내는 데는 실패했다.

2. She asked him (   ) to Busan with her. ← **go**

   그녀는 그에게 함께 부산에 갈 것을 부탁했다.

3. I wanted (   ) a car, but I couldn't afford (   ) it. ← **buy**

   나는 차를 사고 싶었지만, 그것을 살 여유가 없었다.

4. I keep (   ) everybody that they should grow. ← **tell**

   나는 모두에게 성장해야 한다고 늘 말한다.

5. I can have them (/   ) what I want. ← **do**

   나는 내가 원하는 걸 그들이 하게끔 할 수 있어요.

6. I am sorry for (   ) my promise. ← **break**

   약속을 어겨서 죄송합니다.

■ **아래 한국어를 어순에 맞게 영작해 보세요.**

7. 나 좀 그만 귀찮게 할래? (could, stop, me, bothering, you)

   -

8. 널 바라보는 게 내게는 큰 기쁨이야. (you, gives, great joy , seeing, me)

   -

9. 내가 왜 그녀의 꿈을 계속 꾸는지 모르겠어요.

   (about, keep, I, dreaming, I don't know, why, her)

   -

10. 당신은 상사에게 회의에 불참한 것을 보고해야 합니다.

    (you will answer to, the boss, for, the meeting, missing)

    -

관계대명사 – who, which, that

I like the girl who **plays the piano well.** 나는 피아노를 잘 치는 그녀가 좋다

관계사는 명사와 문장의 관계를 이어 주는 문법 장치를 말하는데, 여기에는 관계대명사와 관계부사가 있습니다.

① These are cookies + ② I ate cookies yesterday.

→ These are cookies **which** I ate yesterday.

　　이것들은 내가 어제 먹은 쿠키다.

which가 관계대명사로 쓰인 문장으로, 앞의 두 문장을 합치려면 ②번 문장을 명사 (cookies) 중심의 관계사 덩어리로 바꿔야 합니다. 바로 이 부분이 우리말과는 다른 수식 방식이라서 한국인이 관계사를 어려워하는 이유가 됩니다.

영어의 명사 수식이 우리말과 어떻게 다른지부터 보겠습니다.

Cookies + **that** I ate yesterday.　← **관계대명사**

내가 어제 먹은 + 쿠키

The cafe + **where** I am going to work.　← **관계부사**

내가 일할 + 카페

명사를 수식하는 방법으로 '주어 + 서술어'를 사용하는 것은 우리말과 영어가 다르지 않습니다. 다만, 우리말은 명사(쿠키, 카페) 앞에 '주어 + 서술어'가 위치하는데, 영어는 명사

뒤에서 '주어 + 서술어'가 수식합니다.

또 하나의 차이점은, 우리말은 명사를 꾸밀 때 동사의 모양이 바뀝니다. 즉 '내가 어제 먹은/ 내가 일할'이 되는 거지요. 그에 비해 영어는 동사의 모양을 바꾸지 않고 that이나 which, where 같은 관계사를 사용합니다.

unit 1. 관계대명사 사용법

관계대명사는 문장을 명사 중심의 관계사 덩어리로 만들어 주는 장치로, 관계사절 내에서 대명사 역할을 합니다.

> I like the girl. + **The girl** plays the piano well.
> → I like the girl **who plays the piano well**.   나는 피아노를 잘 치는 그녀가 좋다.

두 문장을 합치기 위해 앞에 한 번 나온 명사 the girl을 대신하여 who가 등장해 문장의 나머지를 이끕니다. 명사(the girl) 중심의 관계사 덩어리, 즉 '수식을 받는 명사(선행사) + 관계대명사 + (나머지 덩어리)'의 어순이 만들어지는 것입니다.

관계대명사는 he나 it처럼 대명사예요. 관계대명사를 사용하는 이유도 대명사를 쓰는 이치와 비슷하고요.
I want to eat this cookie. It smells good.
두 번째 문장의 It은 this cookie를 가리키지요? 앞에서 한 번 말했기 때문에 대명사 it을 사용했어요. 이처럼 대명사가 가리키는 앞의 단어를 '선행사'라고 해요.(It의 선행사는 this cookie) 관계사절의 수식을 받는 명사만을 '선행사'로 아는 경우가 많은데, 올바른 개념은 아니에요.

관계대명사도 격을 가집니다. 대명사 he(주격), his(소유격), him(목적격)처럼 격에 따라 관계대명사의 모양이 달라지는 것입니다. that은 주격과 목적격, 사람과 사물에 상관없이 모두에 쓸 수 있고요.

선행사	주격	목적격	소유격
사람	who(that)	who, whom(that)	whose
사물	which(that)	which(that)	whose

* '전치사 + 관계대명사' 형태에는 whom(사람), which(사물)만 쓸 수 있습니다.

지금부터 우리는 문장을 명사 중심의 관계사 덩어리로 바꾸는 연습을 통해 관계대명사를 공부할 것입니다. 주격 관계대명사부터 보겠습니다.

unit 2. 주격 관계대명사 : who, which/ that

문장에서 '주어 자리'에 들어간 명사를 중심으로 관계대명사 덩어리를 만들 때 주격 관계대명사를 사용합니다.

A. **The man** lived in this city.　　그 남자는 이 도시에 살았다.

→ The man **who(that)** lived in this city.　이 도시에 살았던 그 남자

A는 The man을 주어로 하는 문장입니다. 이것을 The man을 중심으로 하는 관계사 덩어리로 만들려면, The man 뒤에 이 명사를 가리키는 주격 관계대명사가 먼저 와야 합니다. The man은 사람이기 때문에 who나 that이 옵니다. 그런 다음에 문장의 나머지 부분(lived in this city)을 이으면 관계대명사 덩어리가 완성!

B. **Treasures** were found under the sea.　　보물이 바닷속에서 발견되었다.

→ Treasures **which(that)** were found under the sea.　바닷속에서 발견된 보물

B는 Treasures를 주어로 하는 문장입니다. 이것을 Treasures를 중심으로 하는 관계대명사 덩어리로 만들기 위해 Treasures 뒤에 이 명사를 가리키는 주격 관계대명사를 사용합니다. Treasures는 사물이기 때문에 which나 that을 사용하고, 문장의 나머지 부분은 그대로 붙입니다.

주격 관계대명사는 생략할 수 없습니다. 만약 생략하면 The man (who) lived in this city가 되는데, 이는 명사 덩어리가 아니라 그냥 원래의 문장이지요.

unit 3. 목적격 관계대명사 : whom, who, which/ that

문장에서 '목적어 자리'에 들어간 명사를 중심으로 관계대명사 덩어리를 만들 때 목적격 관계대명사를 사용합니다.

A. I read **the book** yesterday.　　　　나는 어제 그 책을 읽었다.

→ The book **which(that)** I read yesterday.　내가 어제 읽은 책

A는 the book을 목적어로 하는 문장입니다. 이것을 the book을 중심으로 하는 관계사 덩어리로 만들려면 the book 뒤에 이 명사를 가리키는 목적격 관계대명사가 먼저 와야 합니다. the book은 사물이기 때문에 which나 that을 사용합니다. 그리고 문장의 나머지 부분(I read yesterday)을 그대로 붙입니다.

B. He can't wait to see **the blind date**.

그는 소개팅 상대를 빨리 만나고 싶어 한다.

→ The blind date **whom**(who, that) he can't wait to see.

그가 빨리 만나고 싶어 하는 소개팅 상대

B는 the blind date가 see의 목적어로 온 문장입니다. 이것을 the blind date를 중심으로 하는 관계사 덩어리로 만들기 위해 이 명사를 가리키는 목적격 관계대명사를 사용하는데, the blind date는 사람이기 때문에 whom을 사용합니다.(who나 that을 쓸 수도 있습니다.)

주격 관계대명사와 달리 목적격 관계대명사는 생략할 수 있습니다. 목적격 관계대명사를 생략해도 처음의 문장 구조를 띠지 않기 때문이지요.

A. I read the book yesterday.   나는 어제 이 책을 읽었다.

→ The book **which** I read yesterday.   내가 어제 읽은 책

→ The book I read yesterday.   **[which 생략]**

unit 4. 소유격 관계대명사 : whose

문장에서 '소유격 자리'에 들어간 명사를 중심으로 관계대명사 덩어리를 만들 때 소유격 관계대명사를 사용합니다. 소유격 관계대명사는 사람, 사물에 관계없이 whose를 쓰면 됩니다.

A. **The man**'s car is a BMW.   그 남자의 차는 BMW이다.

→ The man **whose** car is a BMW.   차가 BMW인 그 남자

A는 The man's car가 주어이고, The man과 car는 소유의 관계입니다.
이것을 명사 The man을 중심으로 하는 관계사 덩어리로 만들기 위해 이 명사를 가리키

는 관계대명사를 넣어야 하는데, The man이 소유격으로 쓰였기 때문에 소유격 관계대
명사 whose를 사용합니다.

그리고 The man과 car는 처음부터 서로 묶여 있지요. 따라서 선행사 the man 뒤에
오는 관계대명사 whose와 car를 나란히 써줘야 합니다.

> **B. I like the author's books.** 　　　나는 그 작가의 책을 좋아한다.
> → The author **whose** books I like. 　　내가 좋아하는 책의 작가

B 문장에는 목적어 자리에 the author's books가 왔습니다. 여기서도 the author와
books는 소유의 관계로 묶여 있기 때문에 소유격 관계대명사 whose 뒤에 books를
함께 써줍니다.

> **C. I used to work with Sam's brother.** 　　나는 샘의 형과 같이 일한 적이 있다.
> → Sam **whose** brother I used to work with.
> 내가 같이 일한 적이 있는 형을 둔 샘

이번에는 전치사 with의 목적어로 Sam's brother가 왔습니다. 마찬가지로 Sam과
brother는 소유의 관계이므로 Sam을 중심으로 하는 관계대명사 덩어리는 whose를
사용하면 됩니다.

주어에 전치사 of가 쓰인 경우도 관계대명사 구문으로 바꿀 수 있습니다.

> **D. The price of the car is expensive.** 　　그 차의 가격은 비싸다.
> → The car the price of **which** is expensive. 　가격이 비싼 그 차

D 문장은 '명사 of 명사'(The price of the car)에서 of의 목적어인 the car를 중심으로 하
는 관계대명사 덩어리를 만들었습니다.

먼저 중심이 되는 명사 the car를 앞에 놓고, 선행사를 가리키는 관계대명사 which를 처음 문장의 the car 자리에 넣으면 됩니다.

unit 5. 전치사 + 관계대명사

전치사 다음에 오는 목적어는 명사입니다. 이 명사를 중심으로 관계사 덩어리를 만들 때 관계대명사 앞에 전치사가 오게 됩니다.

전치사와 함께 사용되는 관계대명사는 whom과 which이며, who나 that은 사용하지 않습니다.

> **A. I live with my grandfather.**   나는 할아버지와 같이 산다.
>
> → **My grandfather** whom **I live** with**.**
>
> → **My grandfather** with whom **I live.**   나와 같이 사는 할아버지

A 문장은 전치사 with의 목적어로 my grandfather가 왔습니다. 지금까지 해온 방식대로 A를 명사 중심의 관계사 덩어리로 바꾸면 My grandfather whom I live with가 됩니다. (목적어를 대신하니까 목적격 whom이 옵니다.)

물론 이렇게 놔둬도 문법적으로 성립하지만, 전치사는 Wh-와 같이 이동하려는 특성이 있습니다. A 문장에서 with는 my grandfather 앞에 왔기 때문에 my grandfather를 가리키는 관계대명사 whom 앞으로 with를 옮깁니다.

아래의 B와 C도 마찬가지로 전치사를 관계대명사 앞으로 보내면 되는데, C 문장에서는 사물을 대신하는 목적격 관계대명사 which가 쓰였습니다.

B. I learned many things from **my teacher**.   나는 선생님에게 많은 걸 배웠다.

→ My teacher **whom** I learned many things **from**.

→ My teacher **from whom** I learned many things.

　　내가 많은 것을 배운 선생님

C. Many people can watch various videos by **Youtube**.

　　많은 사람들이 유튜브로 다양한 영상을 볼 수 있다.

→ Youtube **which** many people can watch various videos **by**.

→ Youtube **by which** many people can watch various videos.

　　많은 사람들이 다양한 영상을 볼 수 있는 유튜브

unit 6. 관계대명사의 계속적 용법과 한정적 용법

관계대명사의 '계속적 용법'이라는 말을 들어 보았을 것입니다. 계속적 용법과 대조되는
개념으로 한정적(제한적) 용법도 있는데, 일단 우리말에는 없는 개념입니다.

많은 교재에서 계속적 용법과 한정적 용법의 차이를 이렇게 설명합니다.

A. He has two sons, who became doctors. **← 계속적 용법**

　　그는 두 아들이 있었는데, 그 둘은 의사가 되었다.(아들은 두 명)

B. He has two sons who became doctors. **← 한정적 용법**

　　그는 의사가 된 두 아들이 있었다.(아들이 둘 이상일 수도 있음)

이 두 문장의 차이는 오로지 '콤마'입니다. 한정적 용법은 우리가 이제껏 살펴본 방식 그
대로인데, 계속적 용법은 콤마를 통해 He has two sons에 이은 추가 정보를 제공하는
형태로 이해할 수 있습니다.

사실 저는 이들 예문이 명백한 차이를 보여 준다고 생각하지 않습니다. A 문장이 둘 이상인 아들들 중에서 '두 명만 콕 집어서' 그렇게 표현할 수도 있을 테니까요.

한정적 용법은 대상(선행사)을 특정 범위로 한정하는 용법이고, 계속적 용법은 그렇게 할 수 없는 경우로 보는 게 좋을 듯합니다.

A. 영어 성적이 100점인 아이들은 칭찬받아 마땅하다. **← 한정**
B. 부모에게 소중한 아이들은 칭찬받아 마땅하다. **← 계속**

A는 여러 아이들 중에 성적이 100점인 아이도 있고 그렇지 않은 아이도 있는데, 100점을 맞은 아이들로 한정해서 표현합니다.(한정)

그에 비해 B는 부모에게 소중한 아이와 그렇지 않은 아이가 따로 있는 중에 부모에게 소중한 아이만 칭찬받아 마땅하다는 식으로 이해되기는 어렵습니다.(계속)

I like Harry Potter, which made J. K. Rowling the first billionaire author.
나는 해리 포터를 좋아하는데, 그게 J. K. 롤링을 첫 억만장자 작가로 만들었다.

이 문장은 계속적 용법으로 쓰였습니다. 롤링을 억만장자로 만든 해리 포터, 그렇지 않은 해리 포터라는 식으로 한정할 수 없기 때문입니다.

이처럼 선행사(해리 포터)에 대해 추가 정보를 제시하는 방식으로 관계대명사의 계속적 용법을 활용할 수 있습니다. 그러자면 '콤마'가 있어야 하지요.

■ 명사절의 what은 관계대명사가 아니다!

what이 명사절에 쓰일 때 이것을 관계대명사라고 설명하는 문법책들, 심지어 학교에서 도 그렇게 가르치는 경우가 있습니다. 즉, 아래 A 문장의 what이 관계대명사라는 거지요.

A. I want to eat what he is eating.   나는 그가 먹고 있는 걸 먹고 싶다.
B. I want to eat the thing that he is eating.   나는 그가 먹고 있는 그것을 먹고 싶다.

그러면서 A의 what이 관계대명사라는 것을 입증이라도 하듯이 B 문장으로 바꾸어 보여 줍니다. 물론 B에서 동사 eat의 목적어는 관계대명사 덩어리가 맞습니다.
하지만 B처럼 'the thing that~'이라는 표현 자체가 거의 쓰이지 않습니다. 이는 명사절 의 what이 관계대명사로 쓰인다는 것을 억지로 설명하기 위한 도구에 불과할 뿐입니다.
게다가 A의 what을 관계대명사라고 하기에는 어딘가 이상합니다. 관계대명사는 '주어 + 서술어' 덩어리가 명사를 수식할 때 그 명사(선행사)를 가리키는 장치입니다. 즉, A 문장의 what이 관계대명사라면 이 관계대명사가 가리키는 선행사가 있어야 하는데, 없습니다.
A 문장의 what은 그냥 명사라고 보는 게 맞습니다.

unit 7. 동격의 that과 Wh-절

명사 뒤에서 that이나 which, who 같은 관계대명사를 사용해 수식하는 문장을 떠올려 보기 바랍니다. 관계대명사 문장은 선행사가 오고, 그것을 가리키는 관계대명사, 나머지 덩어리의 어순이었지요.
그런데, 이와 비슷한 형태인데도 관계대명사가 아닌 경우가 있습니다.

● 추상명사 + that 절 : 동격의 that
관계대명사 that과 동격의 that의 차이를 이해하기 위해, 먼저 다음의 두 문장을 비교해 보기 바랍니다.

A. He thought about <u>the decision that will affect the company's future.</u>

그는 회사의 미래에 영향을 끼칠 그 결정에 대해 생각했다.

B. He thought about <u>the decision that the company will change the plan.</u>

그는 회사가 계획을 바꿀 거란 그 결정에 대해 생각했다.

A와 B는 모두 명사 the decision 뒤에 that 절이 왔습니다.

A 문장의 밑줄 친 부분은 관계대명사 덩어리가 맞습니다. the decision을 선행사로 하여 관계대명사 that이 나머지 문장을 이끕니다. 그런 이유로 대명사 역할을 하는 that을 뺀 나머지 덩어리를 하나의 문장으로 풀어 쓸 수 있습니다.(The decision will affect the company's future.)

하지만 B 문장의 that은 관계대명사가 아닙니다. 따라서 A처럼 관계대명사 덩어리를 하나의 문장으로 풀어 쓸 수도 없습니다. the decision이 들어갈 자리가 없기 때문입니다. the decision은 명사라서 동사 앞이나 뒤에 들어갈 수 있는데, the company will change the plan에는 명사 자리가 모두 차 있습니다.

B 문장에서 that 절의 역할은 추상적인 의미를 가진 앞의 명사, 즉 the decision의 내용을 채워 주는 용도입니다. 이것을 가리켜 '동격의 that'이라고 합니다. 동격의 that을 받는 추상명사로는 belief(믿음), knowledge(내용), fact(사실) 등이 있습니다.

Science ended **the belief** <u>that lightening resulted from God's displeasure.</u>

과학은 번개가 신의 노여움에서 비롯된 것이라는 믿음을 끝내버렸다.

The staff has no **knowledge** <u>that the company is in trouble.</u>

그 직원은 회사가 어려움에 처했다는 내용을 모른다.

She was happy because of **the fact** <u>that I passed the exam.</u>

내가 시험에 통과했다는 사실 때문에 그녀는 행복했다.

● 추상명사 + Wh-절

이번에는 Wh- 관계사절이 명사를 수식하는 경우입니다. 예문 중 하나는 관계대명사, 다른 하나는 관계대명사가 아닙니다.

A. He is **the one** who is going to be rescued first.

그는 제일 먼저 구출될 사람이다.

B. We have no **idea** of who is going to be rescued first.

우리는 누가 제일 먼저 구출될지 모른다.

who로 시작하는 Wh- 덩어리가 A 문장은 명사 the one 뒤에, B는 추상명사 idea 뒤에 왔습니다.

A 문장의 who는 명사 the one을 가리킵니다. 이 또한 관계대명사 덩어리를 문장으로 풀어쓸 수 있습니다.(The one is going to be rescued first.) Wh- 관계사절로 쓰인 게 맞는 거지요. 반면에 B의 idea는 who is going to be rescued first라는 문장에 들어갈 수 없습니다. Wh-절이 그 자체로 하나의 문장으로 쓰이며, 명사 자리가 다 채워져 있기 때문입니다.

B에서 Wh-절은 관계대명사 덩어리가 아니라, 추상명사 idea 뒤에서 그 내용을 채워 주는 용도입니다. 전치사 of는 추상명사와 Wh-절을 연결하기 위해 쓰였습니다.

관계부사 – where, when, why, how

This is the building where **I used to work.** 이곳은 내가 일했던 건물이야

관계대명사가 대명사인 것처럼 관계부사는 대부사에 속합니다. 대명사는 앞에 있는 명사를 뒤에서 다시 언급할 때 사용하지요? 마찬가지로 대부사는 앞에 있는 부사를 뒤에서 다시 언급할 때 사용합니다.

A. I was <u>at the cafe</u> this morning. I saw my cousin there.

나 오늘 아침에 그 카페에 있었어. 거기서 내 사촌을 봤어.

B. I was at the cafe <u>this morning</u>. I saw my cousin then.

나 오늘 아침에 그 카페에 있었어. 그때 내 사촌을 봤어.

A의 there는 첫 번째 문장의 at the cafe를, B의 then은 첫 번째 문장의 this morning을 대신합니다. 이것이 대부사의 개념인데, 관계부사 역시 앞에 나온 부사를 대신하게 됩니다.

unit 1. 관계부사 사용법 : where, when

관계부사는 문장을 부사 자리에 들어간 명사 중심의 덩어리로 만들어 주는 장치로, 관계사절 내에서 대부사 역할을 합니다.
where의 쓰임새를 가지고 관계부사의 개념을 알아보겠습니다.

① We visit the restaurant. + ② We had our first date **in the restaurant**.

우리는 그 식당을 방문한다.　　우리는 그 식당에서 처음 데이트했다.

→ We visit the restaurant. + We had our first date **there**.

문장 ②의 in the restaurant는 문장 ①의 the restaurant를 가리키기 때문에 대부사 there로 바꿀 수 있습니다.

이제 첫 번째 문장의 the restaurant를 중심으로 두 번째 문장을 관계부사 덩어리로 만들어 보겠습니다. 대부사 there는 '그곳에서'라는 의미이기 때문에 장소를 나타내는 의문사 where를 관계부사로 사용합니다.

We visit the restaurant **where** we had our first date.　**← 관계부사**

우리는 처음 데이트했던 그 식당을 방문한다.

관계부사 where는 선행사인 the restaurant 뒤에 오고, 문장의 나머지 부분 we had our first date를 뒤에 그대로 붙이면 됩니다. 예문을 하나 더 보겠습니다.

This is the building. + I used to work **in this building**.

이것은 그 건물이야.　　나는 이 건물에서 일했어.

→ This is the building. + I used to work **there**.

→ This is the building **where** I used to work.

이곳은 내가 일했던 그 건물이야.

in this building이 앞 문장과 겹치므로 대부사 there로 바꾸고, 이 상태에서 첫 번째 문장의 the building을 중심으로 하는 관계부사 덩어리로 만들면 됩니다.

관계부사 where는 선행사가 꼭 특정 장소여야 하는 것은 아닙니다. 장소가 아니더라도 어떤 처지, 혹은 현상이 발생하는 곳으로 인식되면 관계부사를 사용할 수 있습니다.

I think you are in **the situation** where you have to focus on yourself.

너는 네 자신에게 집중해야 하는 상황에 놓였다고 생각해.

● 관계부사 when

이번에는 관계부사 when의 쓰임새인데, where의 경우와 거의 같습니다.

① I still remember the day. + ② I first saw her **on the day**.

　　나는 여전히 그날을 기억한다.　　　나는 그날 그녀를 처음 봤다.

→ I still remember the day. + I first saw her **then**.

→ I still remember the day **when** I first saw her.

　　나는 여전히 그녀를 처음 만난 그날을 기억한다.

문장 ①의 the day는 문장 ②의 on the day로 이어지지요. on the day는 부사로 쓰였기 때문에 대부사 then으로 바꿀 수 있습니다.

이 상태에서 첫 번째 문장의 the day를 중심으로 하는 관계부사 덩어리를 만듭니다. 대부사 then을 시간을 나타내는 관계부사 when으로 바꾸어 선행사 the day 뒤에 놓고, 뒤 문장의 나머지 부분을 그대로 붙입니다.

This is the year. + We got married **in the year**.

→ This is the year. + We got married **then**.

→ This is the year **when** we got married.　　이때가 우리가 결혼한 그해다.

in the year가 앞 문장과 겹치므로 대부사 then으로 바꾸고, 첫 번째 문장의 the year를 중심으로 하는 관계부사 덩어리로 만들었습니다.

unit 2. 관계부사 사용법 : why, how

관계부사 where, when은 대부사 there와 then을 바꾼 표현이었지요. 그에 비해 why 와 how는 조금 다른 방식으로 설명하겠습니다. 먼저, 관계부사 why입니다.

① Tell me the reason. + ② You came home late **because** (어떤 이유).

내게 이유를 말해.　　　　　너는 (어떤 이유 때문에) 집에 늦게 왔다.

→ Tell me the reason. + You came home late **WHY**.

→ Tell me the reason **why** you came home late.

집에 늦게 온 이유를 내게 말해.

문장 ①의 the reason은 문장 ②의 because 이하와 연결되어 있습니다. 따라서 because 이하를 '이유'를 나타내는 why로 바꿀 수 있습니다. 그다음은 where의 경우 와 같습니다. 첫 번째 문장의 the reason을 중심으로 관계부사 why를 넣고, 뒤 문장의 나머지 부분을 그대로 붙입니다.

the reason을 선행사로 하는 관계부사는 오직 why만 쓰이는데, 예문을 하나만 더 보 겠습니다.

Do you know the reason? + She is angry with me **because** (어떤 이유).

너는 그 이유를 알아?　　　　　(어떤 이유 때문에) 그녀는 내게 화가 났어.

→ Do you know the reason? + She is angry with me **WHY**.

→ Do you know the reason **why** she is angry with me?

그녀가 내게 화난 이유를 너는 알고 있어?

● 관계부사 how

관계부사 why가 선행사 the reason과 어울려 the reason why로 쓰이는 것처럼 how도 예전에는 the way how라는 표현이 사용되었습니다. 하지만 세월이 흐르면서 the way how는 차츰 쓰이지 않게 되어 이제는 the way, 또는 how 하나만 사용합니다. 이 둘의 차이에 대해 알아보겠습니다.

> **I can finish the job by tomorrow like this(this way).**
> 나는 이 일을 내일까지 **이렇게(이런 방법으로)** 끝낼 수 있어.

이 문장에서 like this(this way)에 해당하는 내용은 그 일을 끝내는 방법이나 수단이 될 테지요.(예를 들어 누군가에게 시켜서, 야근을 해서 등등) 만약 이 부분이 like this로 표현되었다면 how가 이끄는 명사 덩어리로, this way로 표현되었다면 the way가 이끄는 명사 덩어리로 만들 수 있습니다.

> **I can finish the job by tomorrow HOW/THE WAY.**
> → **How** I can finish the job by tomorrow.
> → **The way** I can finish the job by tomorrow.
>   내가 내일까지 그 일을 끝낼 수 있는 방법

그러면 여기서 how와 the way의 쓰임새는 아무런 차이가 없을까요?
how와 the way 덩어리가 주어나 목적어, 보어로 올 때는 how와 the way를 모두 쓸 수 있습니다. 그런데 이들 덩어리가 문장 밖에 부사절로 올 때 the way는 쓸 수 있지만, how는 쓸 수 없습니다.

> **Do you know how I can finish the job by tomorrow?**
> = Do you know **the way** I can finish the job by tomorrow?

내가 내일까지 그 일을 끝낼 수 있는 방법을 너는 알고 있니?

That is not **how** you eat this.

= That is not **the way** you eat this.

그것은 너처럼 그렇게 먹는 게 아니야.

위의 두 문장은 각각 목적어와 보어 자리에 how와 the way 덩어리가 왔습니다. 하지만, 아래처럼 문장 밖에서 부사절을 이끌 때는 the way만 쓸 수 있습니다.

I won't lose you **how** I lost my mother. (X)

I won't lose you **the way** I lost my mother. (O)

내 엄마를 잃었던 것처럼 너를 잃지는 않을 거야.

관계부사 where, when, why는 장소, 때, 이유를 나타내는 명사 뒤에 흔히 붙습니다. 이때 관계부사절의 수식을 받는 선행사를 생략할 수 있는데, 그렇게 되면 Wh− 명사절의 모양과 같아집니다.

Do you know (the reason) why she is angry with me?

I remember (the day) when we first met.

선행사가 있는 경우는 의미를 구체화하기 위해, 선행사가 없으면 특정한 의미 없이 '～인 이유, ～인 때, ～인 곳'으로 쓰였다고 이해하면 됩니다.

REVIEW TEST 08

■ <u>괄호에 적절한 관계사를 보기에서 찾아 넣으세요.</u>
<which, that, who, why, where>

1. Why would you want to marry a guy (　　　　) doesn't even love you?
   너를 사랑하지도 않는 사람과 왜 결혼하려는 거야?

2. You always make promises (　　　／　　　) you can't keep.
   넌 항상 지키지도 못할 약속을 하잖아.

3. Tell me the reason (　　　　) you were late today.
   오늘 지각한 이유를 내게 말해봐.

4. He took me to the restaurant (　　　　) we had first date.
   그는 우리가 처음 데이트한 레스토랑으로 나를 데려갔다.

5. There is something (　　　　) I have been wanting to tell you.
   너에게 쭉 말하고 싶었던 게 있어.

■ <u>괄호에 적절한 관계사를 하나씩 고르세요.</u>

6. He is dating a girl (whose, who) salary is five times higher than his.
   그는 자신보다 월급이 다섯 배 많은 여자를 만나는 중이다.

7. You just did something (that, how) you shouldn't have.
   너는 하지 말았아야 할 일을 하고야 말았어.

8. I am so jealous of some guy (whom, who) will marry her.
   나는 그녀와 결혼하게 될 남자가 너무 부럽다.

9. I think I am in a place (why, where) I have to focus on myself.
   나는 내게 집중해야 할 상황에 놓인 것 같아.

10. There was a time (when, where) I wanted to quit my job.
   일을 그만두고 싶었던 시절이 있었어.

내게 맞는 영어 공부법 찾기

영어를 잘하는 사람은 영어에 재미를 붙인다

수학이 재미없으면 수학 성적이 안 나오고, 영어가 재미없으면 영어 실력이 잘 늘지 않습니다. 이 당연한 사실을 무시하고 억지로 공부하니까, 공부는 공부대로 효율이 떨어지고 한편으로는 스트레스도 쌓이는 거지요.

시험을 위한 영어 공부라면 어쩔 수 없는 측면이 있기는 합니다. 고등학교 영어 공부만 하더라도 원어민은 일상에서 쓰지도 않을 어려운 단어를 하루에 100개씩 외우고, 살아가며 전혀 써먹을 일 없는 문법 지식 쌓기에 바쁘니까 영어에 대한 재미를 잃어버리는 것도 무리는 아닙니다. 취업을 위한 토익, 토익 스피킹 공부 역시 학창 시절의 공부 스트레스에 못지않고요.

그런 중에도 영어를 잘하는 사람들은 영어에 재미를 붙입니다. 몸만들기를 하는 사람들도 사실 그렇지요. 올바른 방식으로 꾸준히 하면 몸이 좋아진다는 걸 경험으로 알고, 원하는 몸을 얻었을 때의 짜릿함을 잊지 못하니까 '힘이 들고 배가 고픈' 운동을 꾸준히 이어 갑니다. 영어에 재미를 붙이는 사람들도 크게 다르지 않습니다. 핵심을 말하자면, 공부한 만큼 영어 실력이 느니까 재미가 느껴지는 게 일단 기본입니다. 게다가 그들은 좀 더 재미있는 공부 수단을 찾아서 공부할 줄 압니다.

알고 보면 재미있는 영어 공부 수단이 적지 않습니다. 대표적인 게 유튜브 동영상이나 해외 드라마이지요. 그처럼 다양한 소재의 영어 동영상을 자주 시청하거나, 어린이 · 청소년 대상의 쉬운 영어 원서로도 재미를 붙일 수 있습니다.

활동적인 사람이라면 외국인과 교류하는 모임에 참여하기도 합니다. 오프라인뿐 아니라 페이스북, 트위터 같은 SNS, 온라인 펜팔 어플 또한 외국인 친구를 사귀는 도구로 활용할 수 있습니다.

이때 본인의 영어 실력이 부족하다며 주눅 들 필요는 없습니다. 안타깝게도 우리나라 사람들은 영어를 웬만큼 잘해야만 입 밖으로 꺼낼 자격이 있다, 라고 생각하는 듯합니다. 그래서인지 영어 회화나 프리토킹보다는 기초반이 영어 학원에서 가장 인기가 많고 수요 또한 몰린다고 합니다.

세상의 무슨 일이든 처음에는 서툰 게 당연합니다. 내가 지금 알고 있는 영어 수준에서 시작해도 아무 문제없습니다. 오히려 영어에 서투니까 한마디 한마디 자신 있게 내뱉으면서 실력 향상에 속도가 붙는 법입니다. 이는 직접 부딪치며 배우는 영어의 장점에 속하는데, 어쩌면 영어는 그 자체로 재미있는지도 모르겠습니다. 재미없는 것은 '영어'가 아니라 그냥 하는 '공부'이지요.

내게 맞는 영어 공부를 찾아라

영어를 잘하려면 열심히 해야 하겠지만, "무작정 열심히 했어요……'라는 자세는 사실 좋은 공부 요령이 아닙니다.

일단 영어를 배우는 목적이 사람마다 다릅니다. 누구는 대입이나 취업, 승진을 위해, 또 누구는 영어권 세계의 방대하고 다양한 정보를 얻거나, 외국인과의 교류를 위해 영어를 공부할 것입니다.

이들 목적에는 저마다 공부의 지름길이 되는 효율적인 방법이 있습니다. 일례로 다음 주에 영어 시험을 앞둔 학생이 미국 드라마를 틀어 놓고 공부한다면 시험을 아예 포기하는 것과 다를 바 없지요. 마찬가지로, 회화 능력을 길러 외국인과 소통할 수 있기를 바라는 사람이 수능 영어의 난해한 지문을 펼쳐 놓고 공부하는 것 역시 시간 낭비에 가깝습니다. 즉, 내게 맞는 영어 학습법을 찾는 게 중요합니다.

1. 하늘 아래 유일한 영어 공부법이란 없다

영어 원서 읽기, 문법책 반복 회독, 유튜브나 넷플릭스 활용 공부법부터 시작해 학원 수강, 화상 영어 등록 등등 정말 다양한 영어 공부법이 있습니다.

회화 능력 향상이 목적이라면 외국인 친구든 회화 학원이든 영어로 주고받을 수 있는 환경에 들어가는 게 중요하겠지요. 영어 독해력, 혹은 문장력을 기르고 싶다면 영어 문장을 많이 접하거나 영어로 직접 써보는 연습이 필요할 테고요.

다만 책으로 영어를 공부할 때 너무 어려운 내용은 곤란합니다. 오래지 않아 공부를 손에서 놓을 가능성이 크기 때문입니다. 예컨대 서점에서 영어 원서를 고를 때는 한 페이지에 모르는 단어가 30% 이하라서 웬만큼은 읽히는 게 적당합니다. 개인적으로는 《Matilda(마틸다)》, 《Charlie and the Chocolate Factory(찰리와 초콜릿 공장)》로 유명한 Roald Dahl 작가를 추천합니다. 아이들을 위한 책이지만, 어른이 읽기에도 재미있고 문장 또한 크게 어렵지 않아 초보 분들이 접근하기에 좋습니다.

또 하나, 제가 추천하는 방식은 남에게 가르쳐 보는 것입니다. 꼭 상대방이 있어야만 할 수 있는 것은 아니라서, 내가 알고 있는 내용을 누군가에게 가르치듯 말하는 방식도 비슷한 효과를 낼 수 있습니다. 누군가를 가르치려면 내가 어느 정도 알아야 하지요? 또한 가르치면서 공부한 내용이 내 머릿속에 정리된다는 장점도 있습니다.

이것은 블로그, 유튜브 같은 곳에 자신의 공부 내용이나 과정을 정리해서 올리는 식으로 응용할 수도 있습니다. 남들에게 영어 공부에 대한 피드백을 받을 수 있고, 찾아오는 사람도 있어서 '꾸준한' 공부로도 이어질 가능성이 높습니다.

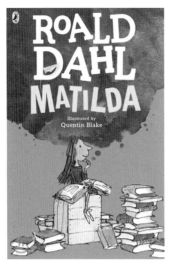 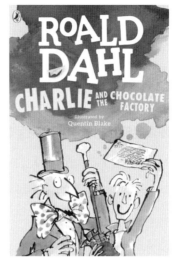

영국 작가 Roald Dahl의 《Matilda》와 《Charlie and the Chocolate Factory》 표지

2. 영어 공부에 돈을 써라

세상일이란 게 그러면 안 되는 줄 알면서도 하게 되는 경우가 참 많지요. 공부하지 않으면 시험을 망치는 줄 알면서 여하튼 지금은 놀아야겠고, 저축하지 않으면 돈이 모이지 않는 걸 알면서 당장에 씀씀이를 줄이려고 하지 않습니다.

영어 공부를 꾸준히 하는 것도 이와 크게 다르지 않습니다. 그렇기 때문에 영어 공부에 대한 '동기부여'가 필요합니다. 공부의 동기부여는 왜 내가 영어를 잘해야 하는지, 어느 정도 수준을 목표로 공부할 것인지 등을 스스로 납득하는 데에서 시작됩니다. 여기에는 영어에 대한 투자 또한 필요합니다.

영어는 돈을 써가며 배울 가치가 충분하고, 투자를 하면 행동으로 이어질 가능성도 높아지게 마련입니다. 잃을 게 생겼기 때문에 강한 동기를 갖는 것입니다. 학원에 등록하거나 책을 사는 순간에 영어 공부에 대한 실천이 구체화되는 셈이지요.

저의 경우에는, 정기 구독료를 지불하며 〈뉴욕타임즈〉 기사를 매일 몇 개라도 읽으려고 노력합니다. 돈을 내지 않았다면 금세 포기하겠지만, 돈을 냈으니까 본전 생각에라도 열심히 보게 되고 꾸준히 보니까 재미 같은 것도 느껴지는 식입니다.

3. 영어로 글쓰기

학습 효과는 아주 뛰어난데, 사람들이 의외로 실천하지 않는 공부법 중 하나가 영어로 글을 써보기입니다. 영어 글에는 문법, 어휘력, 문장력, 표현력 등의 요소가 모두 들어간다는 장점이 있습니다.

영어 글쓰기는 문학 작품을 쓰라는 게 아닙니다. 책이나 강의에서 배운 내용을 단어만 바꿔 여러 상황에 어울리는 문장을 써보는 것도 가능하고, 영어책 등에서 마음에 드는 대목을 필사(똑같이 따라 쓰기)해도 좋습니다.

영어로 일기를 쓰는 것도 큰 도움이 됩니다. 거창하게 생각하지 말고 오늘 있었던 일 위주로 짧은 문장이나마 꾸준히 연습하면 차츰 표현이 풍성해질 것입니다. 하루에 세 문장만 연습해도 1년이면 천 문장입니다!

영어 회화가 어려운 것은 말의 방식을 모르기 때문

영어 학원들이 곧잘 내세우는 광고 문구가 있습니다. "6개월 만에 자막 없이 미드나 영화가 들리게 해드립니다."라는 식이지요. 정말 이렇게 된다면 우리나라에 영어를 못하는 사람은 없을 것입니다.

원어민이 말하는 방식을 터득하지 못하는 한 들리지 않는 문장은 열 번, 백 번을 들어도 들리지 않습니다. 이는 어휘력, 혹은 문법 때문일 수도 있습니다.

듣기 공부를 한답시고 영어 라디오나 드라마를 틀어 놓고 정말 내도록 듣기만 하는 사람들이 있는데, 영어에 오래 노출되면 듣기 실력이 나아질 것이라는 착각 때문이지요. 하지만 소리를 반복해서 듣는다고 영어가 들리는 게 아닙니다. 원어민이 어떻게 말하는지 그 내용과 어법을 알아야 조금씩 귀가 열립니다.

처음에 거의 들리지 않는다면 해당 영상의 자막이나 대본을 구해 지문을 보는 것에서부터 시작해 보기 바랍니다. 단어의 뜻과 발음, 문법 표현 등을 통해 말하는 방식을 먼저 이해하는 것입니다. 그런 후에 말 자체에 익숙해지기 위해 자막 없이 되풀이해 듣거나 따라 말하는 단계로 넘어가는 것입니다.

영어로 능숙하게 말하기는 누구나 바라는 영어 공부의 목표라고 할 수 있습니다.

최근에는 쉐도잉shadowing이라는 학습 방법이 인기를 끌고 있는데, 쉐도잉이란 원어민이 말하는 것을 '그림자처럼' 똑같이 따라하는 영어 학습법을 말합니다. 하지만 쉐도잉 역시 만능은 아닙니다. 원어민의 대사를 통으로 따라할 수는 있어도 현실에서 똑같은 상황이 주어지는 일은 거의 없다고 봐야 하니까요.

영어 공부는 요령 이상으로 실천이 중요합니다. 내 영어 공부 목적에 잘 맞을 것 같은 방법을 찾았으면, 그다음으로는 꾸준히 실천할 수 있는지가 좌우하는 것입니다.

영어 회화도 그렇습니다. 처음부터 완벽한 문장으로 말하려고 하면 입이 떨어지지 않습니다. 한 단어라도 좋고, 주어+동사로만 말해도 괜찮습니다. 하고 싶은 말을 자신감 있게 꾸준히 내뱉는 가운데 회화 실력은 어느새 달라져 있을 것입니다.

명사를 수식하는 to 절과 ing 절

I have a lot of work to do. 나는 할 일이 너무 많아

명사 자리에 들어가는 문장을 이끄는 장치로 that 절, Wh-절, to 절, ing 절이 있었지요. 그중에 to 절과 ing 절은 lesson 21~22에 걸쳐 설명했습니다.

to 절은 동사 앞이나 뒤에 위치해 주어, 목적어, 보어 역할을 할 수 있습니다. 그리고 ing 절은 동사 앞이나 뒤, 전치사 뒤에 위치해 주어, 목적어, 보어, 전치사의 목적어 역할을 하지요. 각각의 대표 예문을 하나씩만 보겠습니다.

> **I want to go there.** ← to 절, 목적어 역할
> **My hobby is reading a book.** ← ing 절, 보어 역할

이번 lesson에서는 to 절과 ing 절이 명사 자리에 들어가는 게 아니라, 이미 있는 명사를 수식하는 쓰임새에 대해 설명하려고 합니다.

unit 1. 명사 + to 절

명사를 수식하는 to 절의 개념을 우리말을 통해 보겠습니다.

'나는 물이 필요하다, 마시다'

이 문장의 의미는 쉽게 유추할 수 있습니다. '나는 마실(마실 수 있는) 물이 필요하다.'라는 뜻일 테지요. 이처럼 말이 되게끔 하려면 우리말에서는 동사 '마시다'의 활용형 '마실, 마

실 수 있는'으로 바꾸어 명사 앞에서 꾸며야 합니다. 영어에서는 이 같은 역할을 to 절이

할 수 있습니다.

I need some water, drink.

→ I need some water **to drink**.   나는 마실(마실 수 있는) 물이 필요하다.

명사를 수식하는 to 절은 동일한 내용을 to 부정사의 형용사적 용법으로 설명하는 것과
같아요. 이는 말 그대로 to 부정사가 명사 뒤에서 명사를 꾸미는 형용사 역할을 한다는
의미예요.

● 명사 + to 절이 목적어 관계인 경우

동사에 '~할, ~할 수 있는'이라는 의미를 가지게 할 때 to를 붙여 명사를 수식하면 됩
니다. 이때 수식을 받는 명사와 to 절은 의미상 목적어 관계, 주어 관계, 전치사의 목적어
관계로 나눌 수 있습니다.

to 절이 앞의 명사를 수식할 때 목적어 관계인 경우부터 보겠습니다. 아래의 work to
do에서 work와 to do가 의미상 목적어 관계(일을 하다)에 있는 것이지요.

I have a lot of work **to do**.   나는 할 일이 너무 많아.

He has some e-mails **to write**.   그는 써야 할 이메일이 얼마간 있다.

Let's get something **to eat**.   먹을 것 좀 가져오자.

● 명사 + to 절이 주어 관계인 경우

앞에서처럼 to 절이 앞의 명사를 수식하는데, 이때 명사와 to 절이 의미상 주어 관계일
때가 있습니다.

I have many friends **to help me**.

나는 나를 도와줄 많은 친구가 있다.

위에서 to help me는 명사 many friends를 수식하는데, 수식을 받는 명사와 to 절은 의미상 주어 관계, 즉 many friends help me로 풀어 쓸 수 있습니다. 아래의 예문도 마찬가지입니다.

He needed a famous painting **to attract people**.

그는 사람들을 매료시킬 유명한 그림이 필요했다.

Be the first person **to arrive at the workplace** and be the last one **to leave**.   직장에 제일 먼저 도착하고 제일 나중에 나가는 사람이 돼라.

● 명사 + to 절이 전치사의 목적어 관계인 경우

to 절이 앞의 명사를 수식할 때 전치사의 목적어 관계인 경우도 있습니다.

I don't have a house **to live in**.   나는 살(살 수 있는) 집이 없다.

명사 a house를 to live in이 수식하는 형태인데, 의미상 이 둘은 전치사의 목적어 관계를 가집니다. 말하자면 I live in a house의 관계이지요.

We don't have enough chairs **to sit on**.   우리는 앉을 의자가 충분하지 않다.

Would you get me a spoon and fork **to eat with**?

먹을 수 있게 스푼과 포크를 가져다줄 수 있어?

He has some problems **to deal with**.

그는 다루어야 할 약간의 문제가 있다.

● 추상명사 + to 절인 경우

to 절이 명사를 수식할 때 일반적인 명사가 아니라, 추상명사일 수도 있습니다. '추상명사'란 추상적 개념의 명사를 뜻하는데, 쉽게 말해 이런 것입니다.

"얘들아, 내게 계획이 있어."

"무슨 계획?"

"진짜 엄청난 계획이야!"

"그러니까 무슨 계획!?"

진짜 엄청난 계획이든 뭐든 구체적인 내용을 말해 주지 않는다면 그 의미가 전달되기 어렵습니다. 이처럼 계획이나 노력, 사랑 같은 단어들이 추상명사에 해당합니다.

추상명사를 수식할 때도 그 뒤에 to 절을 붙이면 됩니다. to 절의 수식을 받는 대표적인 추상명사는 way(방법), effort(노력), opportunity(기회) 등이 있습니다.

What is the best way to learn English?

영어를 배우는 가장 좋은 방법은 무엇인가요?

His effort to stop smoking has been successful.

담배를 끊겠다는 그의 노력은 성공했다.

They offer us the opportunity to download free music.

그들은 무료 음악을 다운받을 기회를 우리에게 제공한다.

to 절의 수식을 받는 명사가 추상명사인지 아닌지를 구분하는 문제가 간혹 출제되는데, 이는 간단합니다. 수식을 받는 명사를 to 절에 넣을 때 추상명사로는 문장이 성립하지 않기 때문입니다.

I have many friends to help me. → Many friends will(can) help me.

: 문장이 성립

I had a chance to help him. → A chance will(can) help him.(×)

: 문장이 성립하지 않음. chance는 추상명사

unit 2. to 절의 주어 표시

to 절이 명사를 수식할 때 to 절의 주체를 나타내야 할 때가 있습니다. to 절의 주체 표시는 'for + 대명사의 목적격'을 사용합니다.

> A. The motivation <u>to start exercise</u> is powerful in the beginning.
>
> 운동을 시작하려는 동기 부여는 처음에 강력하다.
>
> B. The motivation **for him** <u>to start exercise</u> was powerful in the beginning.
>
> 그가 운동을 시작하려는 동기 부여는 처음에 강력했다.

A와 B는 모두 추상명사 motivation의 내용을 to 절(to start exercise)이 채우고 있습니다. 그런데, A는 to 절의 주체를 나타내지 않았지만, B는 for him을 통해 운동을 시작하는 주체를 표시합니다. to 절의 주체를 운동을 시작하는 '그(for him)' 한 사람으로 한정해 표현한 것입니다.

아래 예문도 마찬가지로 to 절의 주체를 나타냈습니다.

> There will be a chance **for us** <u>to express our opinion</u>.
>
> 우리가 의견을 표현할 기회가 있을 것입니다.
>
> What is the motive **for you** <u>to do it</u>?　　당신이 이것을 한 동기는 무엇입니까?

unit 3. 명사 + ing 절

to 절이 뒤에서 명사를 꾸미는 것처럼 ing 절로도 명사를 수식할 수 있습니다.

to 절은 '~할, ~할 수 있는'으로 해석되는 방향성이 있었지요. 그에 비해 '~하는, ~하는 중인'으로 해석되며 방향성을 가지지 않는 경우에는 ing 절을 사용합니다. ing 절은 현재 일어나고 있거나 반복되는 일을 주로 표현합니다.

Who is that teacher **talking to Professor Kim**?

김 교수님과 이야기하는 저 선생님은 누구인가요?

명사를 수식하는 우리말 동사의 모양이 '이야기하는, 이야기하는 중인'으로 바뀌어야 하듯이, 동사 talk의 모양이 talking으로 바뀌었습니다. 방향성 없이 현재 진행 중인 상황에 대한 묘사이므로 ing 절의 형태를 띠는 것입니다.

to 절은 수식받는 명사와 to 절과의 관계가 주어, 목적어, 전치사의 목적어로 나뉘지만, ing 절은 수식받는 명사와의 관계가 언제나 주어입니다. 즉, 수식받는 명사가 ing 절의 주체인 것입니다. 예문을 좀 더 보겠습니다.

Movies are like a time machine **taking us back into the past**.

영화는 우리를 과거로 데려다주는 타임머신과 같다.

Do you know that guy **standing over there**?

저기에 서 있는 저 남자를 아니?

I like that girl **wearing a blue skirt**.

파란 스커트를 입고 있는 저 여자를 좋아한다.

● **추상명사 of + ing 절**

추상명사 뒤에 to 절이 와서 내용을 채워 주듯이 ing 절도 같은 역할을 합니다. 다만, 전치사 of가 수식을 받는 추상명사와 ing 절을 연결한다는 차이가 있습니다.

ing 절의 수식을 받는 추상명사로는 way, joy, method, possibility, difficulty, chance 등이 있습니다.

Probably **the cheapest way** of exploring many countries is bus travel.

많은 나라를 여행하는 가장 싼 방법은 아마도 버스 여행이다.

Face your fears and look at **the joy** of overcoming them.

너의 두려움을 마주하고, 그것들을 극복하는 즐거움을 보아라.

to 절과 마찬가지로 ing 절의 성격을 구분하는 문제도 종종 출제되는데, 이 역시 수식을 받는 명사를 ing 절에 넣어 문장이 성립하는지를 비교하면 됩니다.

Do you know that guy wearing a blue shirt?

→ That guy is wearing a blue shirt. : 문장이 성립

Do you know the best way of learning English?

→ The best way is learning English.(×) : 문장이 안 됨. way는 추상명사

부사처럼 쓰이는 to 절과 분사절

He grew up to be a singer. 그는 커서 가수가 되었다

to 절은 동사 앞과 뒤에서 명사절로 쓰이지요? To see is to believe(보는 것이 믿는 것이다)
처럼 말이지요.

이번 lesson에서는 to 절이 부사 역할을 하는 경우를 알아볼 텐데, to 절로써 주절에 대
한 추가 정보를 전할 수 있습니다.

> 부사처럼 쓰이는 to 절은 예전 문법에서 to 부정사의 부사적 용법으로 설명하는 내용입
> 니다. '공부 열심히 해야 돼'로도 문장이 되지만, '시험에 붙기 위해', '좋은 대학에 가기
> 위해'처럼 주절의 내용을 보충하기 위해 to 부정사를 활용하는 거예요.

unit 1. 부사처럼 쓰이는 to 절

to 절이 부사절로 쓰여 '목적, 감정의 원인, 조건, 결과, 이유나 판단의 근거'를 나타낼 수
있습니다. 하나씩 용법을 보겠습니다.

● **목적을 나타내는 to 절**

부사 역할을 하는 to 절의 5가지 쓰임새 중 가장 흔한 용법입니다. to 절이 '~하기 위
해'라는 목적을 나타냅니다.

A. I studied hard <u>to pass the exam.</u>　　시험에 통과하기 위해 열심히 공부했다.

B. <u>To celebrate her birth,</u> the king launched the flying lantern into the sky.

　그녀가 태어난 것을 축하하기 위해, 왕은 나는 등을 하늘로 쏘아 올렸다.

목적의 의미를 더욱 분명히 하기 위해 in order to, so as to를 쓸 수도 있습니다. to로
만 쓸 때보다 격식적인 표현으로, 뜻은 '~하기 위해'로 to일 때와 같습니다.

I always do my best **in order to** teach students English.

학생들에게 영어를 가르치기 위해 나는 항상 최선을 다한다.

So as to have a better position at work, I need to take a high score.

직장에서 더 나은 자리를 갖기 위해 나는 고득점을 받아야 한다.

● 감정의 원인을 나타내는 to 절

감정을 나타내는 형용사 뒤에 to 절을 넣어 감정의 원인을 나타냅니다.

A. He was surprised <u>to learn how much she had spent.</u>

　그는 그녀가 얼마나 많은 돈을 썼는지 알게 돼서 놀랐다.

B. I am sorry <u>not to have come early.</u>　　일찍 오지 못해서 죄송합니다.

A 문장은 감정을 나타내는 형용사 surprised 뒤에 '~하게 되어서'라는 의미로 to 절이
왔습니다. B 문장 역시 감정 형용사 sorry 뒤에 '죄송한 이유'로서 not to have come
early를 넣었습니다.

● 조건을 나타내는 to 절

to 절이 문장 밖에 쓰여 부사절의 기능을 하는 경우인데, 이처럼 to 절이 조건을 나타낼
때는 대개 주절에 조동사 would가 사용됩니다. '~라면'이라는 조건이 조동사 would

의 추측, 판단을 나타내는 쓰임새와 어울리는 것입니다.

To talk with him, you would know that he is smart.

그와 대화한다면, 넌 그가 똑똑하단 걸 알게 될 거야.

To hear her speak, you would think she is American.

그녀가 말하는 걸 들어 보면, 너는 그녀가 미국인이라고 생각할 거야.

● 결과를 나타내는 to 절

to 절이 앞 내용에 이어지는 서술을 하거나, 앞에 대한 결과를 나타내는 경우입니다.

A. He grew up to be a singer. 그는 커서 가수가 되었다.

B. My grandmother lived to be 80 years old. 내 할머니는 80세까지 사셨다.

C. I arrived at the airport only to realize that I had left behind my passport.

나는 공항에 도착했지만, 여권을 두고 온 걸 깨닫고 말았다.

A와 B 문장의 to be a singer, to be 80 years old는 앞 내용에 대한 결과를 보여 줍니다. 그리고 C는 only to realize that~을 통해 앞 내용에 이어지는 이후의 상황을 서술하고 있습니다.

● 이유, 판단의 근거를 나타내는 to 절

to 절이 앞 내용에 대한 이유, 판단의 근거를 나타내는 경우입니다.

A. You are crazy to make her cry. 그녀를 울게 만들다니 너 미쳤구나.

B. He must be impolite to talk to his mother like that.

그는 엄마에게 그렇게 말하는 걸 보니 예의가 없는 게 맞아.

A는 상대가 미쳤다고 생각하는 근거로서 to make her cry를 사용했습니다. 마찬가지로 B 문장도 to talk to his mother like that이 판단의 근거가 됩니다.

unit 2. 부사처럼 쓰이는 분사절

현재분사나 과거분사로 시작하는 분사절을 통해서도 문장 밖에서, 배경 설명 같은 추가 정보를 전할 수 있습니다. 이때 분사절은 결과, 조건, 양보 등을 나타내는데, 분사절을 해석할 때 유의해야 할 게 있습니다.

Left alone, the princess began to cry.

이 문장의 주절은 the princess began to cry이고 문장 밖에 과거분사 Left로 시작하는 분사절이 왔습니다. 이 문장은 아래의 A~C 중에 어떻게 해석해야 할까요?

A. 혼자 남겨졌을 때, 공주는 울기 시작했다.
B. 혼자 남겨지자마자, 공주는 울기 시작했다.
C. 혼자 남겨졌기 때문에, 공주는 울기 시작했다.

이 영어 문장 하나만을 봤을 때 Left alone의 해석은 사람마다 다를 수 있습니다. 과거분사 left를 누군가는 '~할 때(when)'로, 또 다른 누군가는 '~하자마자(as soon as)'나 '~하기 때문에(because)'로 떠올릴 것입니다. 결국 이 문장만으로는 분명한 의미를 알기 어렵고, 글의 맥락과 전후 상황을 봐야 합니다.

우리나라 영문법 교육의 문제는 사실 여기에 있습니다. 문장의 5형식 설명이나 12시제 문제도 그렇습니다만, 분사절에 대한 이해도 일부의 문법 규칙을 공식처럼 만들어 모든 것에 적용하려고 합니다.

예컨대, 부사절 접속사가 쓰인 문장을 아래와 같은 '공식'에 대입해 분사 구문을 이해하는 훈련을 반복하는 식입니다.

1. When(As soon as, Because) **she was** left alone, the princess began to cry.
: 부사절의 주어 she는 주절의 주어 the princess와 같으므로 생략한다. 또한 동사를 원형으로 바꾸어 ing를 붙이는데, being의 경우는 생략할 수 있다.

2. **When**(As soon as, Because) (being) left alone, the princess began to cry.
: 맨 앞의 부사절 접속사를 생략한다.

3. (Being) Left alone, the princess began to cry.

이처럼 분사 구문으로 바꾸는 연습만 반복하다 보니까, 3번 문장을 보면 원래의 부사절 접속사 when, as soon as, because 중에 하나를 떠올려야만 할 것 같습니다. 정작 이 예문을 쓴 사람조차 분명하게 대답하지 못할 텐데 말이지요.

분사절은 주절과의 관계를 처음부터 명확하게 드러내는 게 아니라, 문맥이나 상황을 통해 여러 의미로 해석될 여지를 남깁니다. 따라서 분사절과 주절이 어떻게 연결되는지는 문맥과 상황으로 파악하는 연습이 중요합니다.

그러면 지금부터 그 연습을 시작해 보겠습니다.

● **전후 관계, 또는 인과 관계를 나타내는 경우**

A. Switching the light, the nurse found the patient crying.
불을 켜자, 간호사는 환자가 울고 있는 걸 알았다.

B. Taking a closer look, she found his thumb scratched.
가까이 보자, 그녀는 그의 엄지가 긁힌 걸 알았다.

분사절이 주절 바깥에 와서 두 절의 전후 관계를 보여 줍니다. A 문장이라면 '불을 켜고 나서' 환자 상태를 알아차린 상황이지요.

그런데, 이들 문장을 전후 관계가 아니라 '인과 관계'로 이해할 수도 있습니다.

A. 불을 켰기 때문에, 간호사는 환자가 울고 있는 걸 알았다.

B. 가까이 봤기 때문에, 그녀는 그의 엄지가 긁힌 걸 알았다.

처음의 해석과 인과 관계로 보는 해석 중에 어떤 게 맞을지는 문장의 전후 맥락을 봐야 알겠지요. 이렇듯 분사절은 주절 앞에 놓였을 때, 시간의 선후나 이유의 성격을 동시에 가지는 경우가 많습니다.

● **결과, 이어지는 상황을 나타내는 경우**

이번에는 분사절이 주절 뒤에 오는 경우입니다. 분사절은 주절 뒤에 놓여 주절에 대한 결과, 또는 주절 이후에 이어지는 상황을 나타낼 수 있습니다.

The bomb exploded, <u>destroying the village</u>. ← **결과**

폭탄이 터졌고, 마을을 파괴했다.

She left the office, <u>singing happily</u>. ← **이어지는 상황**

그녀는 사무실을 나와 행복하게 노래를 불렀다.

● **조건을 나타내는 경우**

분사절이 '조건'으로 쓰일 때는 주절에 조동사가 들어갑니다.

<u>Studying hard</u>, I **can** improve my English.

열심히 공부한다면, 영어 실력을 향상시킬 수 있을 거야.

<u>Turning right</u>, you **will** see a hospital.   오른쪽으로 돌아가면, 병원을 보게 될 거야.

● 양보를 나타내는 경우

분사절이 주절과의 관계를 통해 '~인데도, ~이지만'이라는 양보의 성격을 갖습니다.

Having enough money, he didn't buy a new car.

많은 돈을 가지고 있는데도 그는 새 차를 사지 않았다.

Being tired, he went to the party.　　피곤했음에도 그는 파티에 갔다.

● 동시성을 나타내는 경우

분사절이 주절 앞이나 뒤에 놓여 분사절과 주절의 상황이 동시에 일어나고 있음을 보여
줍니다.

I play computer games, listening to music.

나는 음악을 들으며 컴퓨터 게임을 한다.

He is dancing, satisfied with his test result.

그는 시험 결과에 만족한 채 춤을 추고 있다.

unit 3. 분사절 + have V-ed

unit 2는 분사절과 주절의 시점이 모두 동일합니다. 그에 비해 여기서는 주절의 시점보
다 분사절의 시점이 앞선 경우를 살펴볼 텐데, 앞서는 시제를 나타내기 위해 선 시제 표
시인 have V-ed를 분사절에 적용합니다.

Having finished the shopping, we went to see a movie.

쇼핑을 끝내고 나서 우린 영화 보러 갔다.

Not having done his homework, he couldn't understand what the teacher was saying.

숙제를 하지 않아서, 그는 선생님이 하는 말씀을 이해할 수 없었다.

이들 문장에 쓰인 분사절은 having V-ed의 형태로, 주절보다 분사절의 시점이 앞서고 있습니다. 쇼핑이 영화 관람보다 더 과거의 일이니까 Finishing the shopping이 아니라 Having finished the shopping이 되는 것입니다.

아래처럼 분사절에 선 시제 표시와 수동 표현을 함께 적용할 수도 있습니다.

Having been rescued, the injured man was taken to hospital.

구조된 후에 부상당한 사람은 병원으로 옮겨졌다.

unit 4. 분사절과 주절의 주체가 다를 때

지금까지는 분사절과 주절의 주체가 모두 같은 경우였습니다만, 두 절의 주체가 다르다면 어떻게 해야 할까요?

A. He is reading newspaper with his legs crossed.

그는 다리를 꼰 채 신문을 읽고 있다.

B. She is talking to me with her arms folded.

그녀는 팔짱을 낀 채 나와 얘기 중이다.

A의 주절은 He is reading newspaper이고, 분사절은 with his legs crossed입니다. 여태 나오지 않은 with가 등장했네요. with가 온 이유는 분사절과 주절의 주체가 다르기 때문입니다.

신문을 읽는 주체는 He이지만, 꼰(crossed) 것은 그가 아니라 '그의 다리'이기 때문에 his legs 앞에 with가 붙습니다. B 역시 이야기하는 주체는 She인 반면에 그녀가 아닌 '그녀의 팔짱'을 낀 거지요. 그래서 her arms 앞에 with가 왔습니다.

with가 포함된 분사절에서 분사 대신에 전치사구나 형용사, 부사를 사용할 수도 있습니다. 아래 예문은 모두 주절과 분사절의 주체가 다르기 때문에 분사절 앞에 with가 왔습니다. 그런데 현재분사나 과거분사가 아니라 전치사구, 형용사, 부사로 비슷한 역할을 하는 경우입니다.

A. I was walking down the street with smiles on my face.
나는 얼굴에 미소를 띤 채 길을 따라 걷고 있었다.

B. You should not speak with your mouth full.
입안이 가득한 채로 말하면 안 된다.

C. Don't enter the room with your shoes on.
신발을 신고 방에 들어가지 마라.

A는 분사절의 주체 with smiles에 전치사구 on my face가 붙어 '얼굴에 미소를 띤 채'로 표현되었습니다. B는 with your mouth와 형용사 full이, C는 with your shoes와 부사 on이 결합했습니다.

unit 5. 접속사 + 분사절

분사절을 사용하는 이유는, while이나 when 같은 접속사를 통해 시간과 이유 등의 의미를 분명하게 드러내지 않고 주절에 대한 추가 정보를 전하는 데 있습니다. 부사절 접속사를 사용하지 않았기 때문에 상황이나 맥락으로 의미를 헤아리는 것은 어디까지나 그 문장을 대하는 사람의 몫입니다.

한편으로는, 분사절 앞에 부사절 접속사를 넣어 줌으로써 문장의 의미를 더욱 명확하게 나타낼 수 있습니다.

While having coffee and cake, we talked about the issue.

커피를 마시고 케이크를 먹으면서, 우리는 그 주제에 대해 이야기했다.

When seeing her, I can feel my heart beating.

그녀를 볼 때, 내 심장이 뛰는 걸 느낄 수 있다.

After traveling for hours, we finally reached the city.

몇 시간을 여행한 후에, 우리는 마침내 그 도시에 도착했다.

Although having lived in Japan for years, he doesn't speak Japanese well.

일본에 몇 년간 살았는데도, 그는 일본어를 잘 말하지 못한다.

이들 문장은 while(~하면서), when(~할 때), after(~한 후에), although(비록 ~이지만) 같은 부사절 접속사 뒤에 분사절이 사용되었습니다. 부사절 접속사를 사용하지 않을 때보다 문장의 의미가 더욱 명확해지는 것입니다.

■ <u>괄호에 적절한 단어 형태를 하나씩 고르세요.</u>

1. I had a chance (to bring, bringing) her back.

   나는 그녀를 다시 데려올 기회를 가졌다.

2. This is the best year (of you, for you) to learn English.

   올해는 네가 영어를 배울 최적의 해다.

3. I spent the night (to cry, crying) on the floor in my bathroom.

   나는 화장실 바닥에서 울며 밤새웠다.

4. You gave me a promise (to quit, quitting) smoking last week.

   너는 지난주에 내게 담배를 끊겠다는 약속을 했어.

5. Look at the girl (to sing, singing) on the stage.

   무대에서 노래 부르는 저 여자를 봐.

■ **주어진 동사를 to V나 분사(V-ing/ V-ed)로 바꾸어 문장을 완성하세요.**

6. Everybody in the cafe smiled (   ) the cute puppy. ← **see**

   카페에 있는 모든 사람이 귀여운 강아지를 보자 미소를 지었다.

7. I cut my fingers (   ). I should have been careful. ← **cook**

   요리하다가 손가락을 베었어. 조심했어야 하는데.

8. He has a lot of books (   ) in English. ← **write**

   그는 영어로 쓰인 많은 책을 가지고 있다.

9. (   ) by his behavior, he went home. ← **annoy**(짜증나게 하다)

   그의 행동에 짜증 나서 그녀는 집으로 갔다.

10. I usually work on the computer, (   ) to music. ← **listen**

    나는 보통 음악을 들으며 컴퓨터 작업을 한다.

등위 접속사와 상관 접속사

He is not **foolish** but **funny.** 그는 바보 같은 게 아니라 재미있다

접속사는 단어와 단어 또는 절과 절, 문장과 문장을 이어 주는 품사를 말합니다. 여기에는 등위 접속사와 등위 접속사의 한 종류인 상관 접속사 등이 있습니다.

'등위等位'는 위치가 대등하다는 의미로, '등위 접속사'란 문법적으로 대등한 위치에 있는 단어를 잇는 접속사를 뜻합니다.

unit 1. 등위 접속사 and, but, yet

A. I like pizza **and** burgers.   나는 피자와 햄버거를 좋아한다.

B. She is beautiful **and** wise.   그녀는 아름답고 현명하다.

C. We kissed **and** hugged each other.   우리는 서로 키스하고 껴안았다.

D. He likes to go hiking **and (to)** play tennis.

　　그는 산에 가고 테니스 치는 걸 좋아한다.

E. My father teaches English **and** my mother runs her cafe.

　　아빠는 영어를 가르치고 엄마는 카페를 운영하신다.

A~E 문장에는 모두 등위접속사 and가 사용되었습니다. 이들 and는 같은 성격을 가진 문장 성분을 연결합니다.

A에서는 명사 pizza와 burgers를, B에서는 형용사 beautiful과 wise를, 그리고 C에

서는 동사 kissed와 hugged를 연결하지요. 마찬가지로 D에서는 to 절, to go hiking
과 to play tennis를 잇고, E에서는 두 개의 절 my father teaches English와 my
mother runs her cafe를 연결해 하나의 긴 문장을 만듭니다.

① 시간의 전후를 나타내는 and

and는 시간의 전후를 보여 주기도 합니다. and를 기준으로 앞 문장이 먼저 발생하고,
뒤 문장이 그 후에 발생한 일임을 나타내지요. 독립적인 두 절을 이을 때는 접속사 앞에
콤마를 넣습니다만, 엄격한 규칙은 아닙니다.

I met Tom, **and** we had some coffee.
나는 톰을 만났고, 커피를 마셨다.
I got dressed, **and** had dinner.　　나는 옷을 입고 나서 저녁 식사를 했다.

② 명령문 다음에 오는 and

명령문 다음에 오는 and는 '그렇게 하면, 그러면'이라는 인과관계를 나타냅니다.

Work hard, **and** you can succeed.
열심히 일해라, 그러면 성공할 수 있다.
Share your problems with your family, **and** you will get better answers.
네 문제를 가족과 나눠. 그렇게 하면 더 나은 답을 얻을 거야.

③ 접속사 but

but은 '~이지만, 그러나'라는 뜻으로, 상반된 성격을 가진 두 성분을 이어 줍니다.

This book is expensive **but** useful.　　이 책은 비싸지만 유용하다.
It's an old car, **but** it is reliable.　　이 차는 오래됐지만 믿을 수 있다.

④ 접속사 yet과 but

yet(그럼에도 불구하고)은 but과 비슷한 뜻을 가지지만, 성격은 조금 다릅니다. but은 대조적인 문장을 이끄는 경우에 사용되고, yet은 대조적인 성격을 가지지 않습니다.

A. His mother told him to be quiet, **but** he kept shouting.

그의 엄마는 그에게 조용히 하라고 말했지만, 그는 계속 소리 질렀다.

B. His mother told him to be quiet, **yet** he kept shouting.

그의 엄마는 그에게 조용히 하라고 말했지만, 그럼에도 그는 계속 소리 질렀다.

A 문장은 대조적인 의미를 지니고, B는 그렇지 않습니다. 마찬가지로, 아래 문장에는 yet을 쓸 수 없습니다. 두 절이 대조적인 성격을 갖기 때문입니다.

His mother is tall, yet he is small. (×)

→ His mother is tall, **but** he is small. (O)   그의 엄마는 키가 크지만, 그는 작다.

unit 2. 등위 접속사 or, nor, for, so

① 접속사 or : ～이나, 혹은/ 명령문 뒤에서는 '그렇지 않으면'

A. You can have ice cream **or** chocolate for dessert.

당신은 디저트로 아이스크림이나 초콜릿을 먹을 수 있습니다.

B. Do you want to go out **or** stay at home?

밖에 나가고 싶어, 아니면 집에 있고 싶어?

or는 명령문 뒤에 쓰여 '그렇지 않으면'이라는 의미를 가집니다.

Hurry up **or** we will be late. 서둘러. 그렇지 않으면 우리는 늦을 거야.

Wear your coat **or** you will catch cold. 코트 입어. 안 그러면 감기 걸릴 거야.

② 접속사 nor : ~도 아니다

연결된 성분을 모두 부정하는 등위 접속사입니다. nor가 절과 절을 연결할 때는 nor 뒤의 절에서 주어와 동사의 자리가 바뀝니다.(도치)

아래의 B처럼 or를 비슷한 쓰임새로 사용할 수도 있습니다.

A. I didn't want to go out, **nor** did I want to stay home.

나는 밖에 나가고 싶지 않았지만, 집에 있고 싶지도 않았다.

B. It is not my fault, **or** his. 이건 내 잘못도 그의 잘못도 아니다.

③ 접속사 for : 왜냐하면 ~때문이다

for는 다른 등위 접속사와는 달리 절과 절만을 연결하는데, 부사절 접속사 because와 비슷한 뜻을 갖습니다. 다만 for는 문장의 가장 앞에 사용되지 않으며, because보다 훨씬 격식을 갖춘 상황에 쓰인다는 차이가 있습니다.

He was wearing a coat, **for** it was cold outside.

그는 코트를 입고 있었다, 왜냐하면 바깥 날씨가 추웠기 때문이다.

= He was wearing a coat **because** it was cold outside.

= **Because** it was cold outside, he was wearing a coat. (O)

For it was cold outside, he was wearing a coat. (×)

④ 접속사 so : 그래서

등위 접속사 so는 for처럼 절과 절을 연결하며 '그래서'라는 의미를 가집니다. so는 앞에 있는 내용의 결과로 뒤에 있는 내용처럼 했음을 나타냅니다.

A. There were a lot of people at the restaurant, **so** I had to wait.

식당에 사람이 많이 있어서 기다려야 했다.

B. I was hungry, **so** I decided to pick up some pizza on my way back.

나는 배가 고팠다. 그래서 돌아가는 길에 피자를 사가기로 했다.

TIPS

and와 so의 쓰임새 구별법

접속사 and와 so는 우리말로 '~해서'라고 비슷하게 해석될 때가 있는데, 아래와 같은 요령으로 쓰임새를 구별하면 됩니다.

I picked up the pizza and left the store and it was raining heavily, so I bought an umbrella. (피자를 사서 가게를 나왔고 비가 많이 와서 우산을 샀다.)

피자를 사서 가게를 나온 것과, 가게를 나와 보니 비가 많이 왔다는 내용은 시간의 전후 관계를 나타내니까 and를 사용합니다. 그에 비해 비가 와서 우산을 샀다는 내용은 원인과 결과에 해당하지요? 이때는 so를 사용합니다.

unit 3. 상관 접속사

등위 접속사와 상관 접속사를 별개의 것으로 아는 학습자가 많은데, 아마도 명칭이 다른 때문인 것 같습니다. 상관 접속사는 등위 접속사의 한 종류입니다. and나 but 같은 등위 접속사를 이와 성질이 비슷한 단어, 예컨대 both, either, not 등과 조합한 형태의 접속사를 '상관 접속사'라고 합니다.

① both A and B : A와 B 모두

상관 접속사는 떨어져 있지만, '서로 관계가 있는' 성분을 이어 줍니다. 대표적인 예로 both A and B의 형태부터 보겠습니다. A와 B 모두를 나타내기 때문에 주어 자리에 올 때는 아래 A처럼 복수 취급을 합니다.

A. **Both** Sam **and** I live in Korea.   샘과 나는 모두 한국에 산다.

B. She can **both** sing **and** dance well.   그녀는 노래도 잘하고 춤도 잘 춘다.

② either A or B : A 또는 B

or가 '둘 중 하나'의 의미를 가지는 either와 어울려 either A or B 형태로 쓰입니다.
Either A or B가 주어 자리에 올 때는 동사를 B에 일치시킵니다.

I will **either** go to Japan **or** China for summer vacation.

나는 여름 방학에 일본이나 중국을 갈 것이다.

Either the cheesecake **or** the strawberry cake is good for me.

치즈 케이크나 딸기 케이크 중 하나가 내게는 좋아.

③ neither A nor B : A도 B도 아닌

nor가 '둘 중 하나도 아닌'이라는 의미를 가지는 neither와 어울려 neither A nor B
형태로 쓰입니다. either A or B처럼 동사 모양은 B에 일치시킵니다.

He is **neither** rich **nor** famous.   그는 돈이 많지도 유명하지도 않다.

Neither Sam **nor** his sister could understand what their parents said.

샘도 그의 여동생도 부모님이 한 말씀을 이해하지 못했다.

④ not A but B : A가 아니라 B인

but이 부정어 not과 함께 쓰이면 not A but B 구조를 가집니다.

He is **not** foolish **but** funny.   그는 바보 같은 게 아니라 재미있다.

She is **not** my girlfriend **but** my sister.

그녀는 내 여자 친구가 아니라 여동생이다.

⑤ not only A but also B : A뿐 아니라 B도(= B as well as A)

but이 두 대상을 연결하면서 not only A but also B의 형태로 쓰였습니다. 'A뿐 아니라 B도'라고 해석하는데, 이 문형은 B as well as A 형태로 바꾸어 쓸 수 있습니다.

두 번째 예문처럼 Not only를 문장의 가장 앞에 내세우는 경우에는 주어와 동사의 자리가 바뀐다는 점에 주의해야 합니다.

I like **not only** fruits **but also** vegetables.

= I like vegetables **as well as** fruits.

나는 과일뿐만 아니라 채소도 좋아한다.

He did **not only** make a lot of money, **but** he **also** achieved fame.

= **Not only** did he make a lot of money, **but** he **also** achieved fame.

그는 돈을 많이 벌었을 뿐만 아니라 명성도 얻었다.

B as well as A의 경우에 동사 모양은 앞에 오는 B에 맞춰야 합니다. 동사와 좀 더 밀접한 주인공은 B이기 때문입니다.

You as well as she are to blame for the accident.

그녀뿐 아니라 너도 그 사고에 대해 비난받아야 한다.

부사절 접속사

I will do just as you advise. 나는 당신이 조언한 대로 할 것입니다

부사절은 문장에 덧붙이는 문장입니다. 주된 내용의 절을 주절이라 하고, 주절에 대한 배경을 설명하거나 추가 정보를 주는 절을 부사절이라고 하지요.

여기서는 when(~할 때), while(~하는 동안) 같은 접속사가 이끄는 부사절을 공부하게 됩니다. 이들 접속사는 성격에 따라 시간, 이유, 목적 등의 의미를 나타냅니다.

> **I was doing my homework <u>when my mom was preparing dinner</u>.**
> 엄마가 저녁 준비를 하고 있을 때 나는 숙제를 하고 있었다.

이 문장에는 각각의 주어와 동사를 가진 두 개의 절이 있습니다. 중심이 되는 문장인 주절은 I was doing my homework이고, 나머지 성분인 when my mom was preparing dinner는 주절에 대한 배경 설명을 하는 부사절입니다. 이 부사절을 접속사 when이 이끌고 있습니다.

unit 1. 시간 부사절 접속사

● as : ~할 때, ~하는 동안에

시간을 나타내는 대표적인 부사절 접속사로 as가 있습니다. as는 어떤 일이 일어날 때 또 다른 일이 동시에 발생하며 변화하는 상황을 묘사합니다.

A. The audience gave her a big applause **as** she got on the stage.

그녀가 무대에 등장했을 때 청중은 그녀에게 큰 박수를 보냈다.

B. **As** I was parking my car, I found the parking lot full.

주차를 하는 중에 주차장이 다 차있는 걸 알았다.

A 문장에서 그녀가 무대에 등장하기 전에는 박수가 없었지요. 그녀가 무대에 나타날 때 박수를 보내는 상황의 변화를 as로 나타냈습니다.

● when : ～할 때

when도 as와 같은 부사절 접속사로 쓰여 주절에 대한 배경 설명을 합니다. A 문장은 그녀가 일을 할 때라는 상황, B 문장은 그가 6살 때라는 시간적 배경을 나타냈습니다.

A. Grandmother sings **when** she works.   할머니는 일할 때 노래를 부르신다.

B. Sam got into university **when** he was just ten years old.

샘은 겨우 10살에 대학에 들어갔다.

● while : ～하는 동안에

while은 '～하는 동안에'라는 뜻의 부사절 접속사입니다. 어떤 일이 벌어지고 있을 때 또 다른 일이 생기는 경우에 쓰이는 표현입니다.

In the dark, she cut rice cake **while** her son was writing.

어둠 속에서, 그녀의 아들이 글을 쓰는 동안 그녀는 떡을 썰었다.

While she was in hospital, she had a visit from her best friend.

그녀가 입원해 있는 동안에 가장 친한 친구가 문병을 왔다.

● as soon as : ～하자마자

as soon as는 부사절의 상황이 끝나고 바로 주절의 내용이 이어질 때 쓰이는데, 사건이 바로 뒤이어 일어난다는 점에서 속도감이 느껴집니다.

Buy your ticket **as soon as** you reach the station.
역에 도착하자마자 표를 사라.

As soon as I entered the room, I knew something was wrong.
내가 방에 들어가자마자 무언가 잘못됐음을 알았다.

● since : ～한 이후로 (쭉)

시간 부사절 접속사 since가 포함된 문장의 주절은 동사에 완료형이 적용됩니다. since 자체에 '계속, 쭉'이라는 의미가 있어서 과거부터 현재까지 동작, 상태가 이어지는 상황을 나타내기 때문입니다.

I have known Sam **since** he was born.
나는 샘이 태어날 때부터 그를 알고 있다.

I have lived here **since** I got married.   나는 결혼한 이후로 쭉 여기에 살고 있다.

● until/til : ～할 때까지

until/til은 부사절의 내용이 끝날 때까지 주절의 동작이나 상태가 계속 이어지는 상황일 때 쓰입니다.

She waved her hand **until**(til) his train was out of sight.
그가 탄 기차가 시야에서 사라질 때까지 그녀는 손을 흔들었다.

Wait here **until**(til) the rain stops.   비가 그칠 때까지 여기서 기다려.

● by the time : ～할 때쯤

by the time 뒤에 오는 내용이 일어나는 시점에 주절의 내용은 이미 발생한 상태를 보여 줍니다. 주절의 내용이 어떠한 상태가 되어 있거나 될 것임을 나타내기 때문에 주절에는 흔히 완료형이 사용됩니다.

We will have finished this job **by the time** he comes.
그가 올 때쯤 우린 이 일을 끝낼 것이다.
I had traveled more than five countries **by the time** I turned 20.
스무 살이 될 때쯤 나는 5개국 이상을 여행했다.

● once : 일단 ～하면

once는 '일단 ～하면'이라는 뜻의 시간 부사절 접속사입니다. 부사절 접속사 after, as soon as와 비슷한 뉘앙스를 가집니다.

Once you know how to ride a bike, you never forget it.
자전거 타는 법을 일단 알고 나면 절대 잊어버리지 않는다.
Once my English improves, I can get a better job.
내 영어 실력이 향상되면 더 나은 직업을 구할 수 있다.

● after : ～한 다음에/ before : ～하기 전에

after와 before는 상반된 의미를 지닌 시간 부사절 접속사입니다. 둘 다 사건의 전후 관계를 나타내는 역할을 합니다.

The train arrived **after** we had reached the station.
우리가 역에 도착한 뒤에 열차가 도착했다.
Have some coffee **before** you go.　가기 전에 커피 한잔해.

unit 2. 이유, 방식 부사절 접속사

주절과 부사절의 관계에서 주절의 현상, 상황의 원인이 부사절이라는 사실을 보이는 경우입니다. '이유'를 나타내는 부사절 접속사에는 because, since, as가 있으며 '~ 때문에'라는 의미를 가집니다.

I didn't go out **because** it was raining.
비가 오고 있었기 때문에 나는 밖에 나가지 않았다.
Since he often lies, we don't trust him.
그는 자주 거짓말해서 우리는 그를 믿지 않는다.
As it's raining again, we will have to stay at home.
다시 비가 와서, 우리는 집에 있어야 할 것이다.

● **not because A, but because B : A 때문이 아니라 B 때문에**

상관 접속사 not A but B와 because 부사절이 결합하여 not because A, but because B 구조를 만드는 경우입니다.

I love her **not because** she is pretty, **but because** she is kind to me.
그녀가 예뻐서가 아니라 내게 잘해 주니까 나는 그녀를 사랑한다.
The true soldier fights **not because** he hates what is in front of him, **but because** he loves what is behind him.
참된 군인은 자기 앞의 적을 미워해서가 아니라 자기 뒤의 이들을 사랑하기 때문에 싸운다.

● **now that : 이제 ~하기 때문에, ~하니까**

now that은 '이제 ~하기 때문에'라는 뜻의 이유 부사절 접속사입니다.

Now that the exams are over, let's have some beer.

이제 시험도 끝났으니 맥주나 마시자.

Now that he has arrived, we can start dinner.

그가 도착했으니 저녁 식사를 해도 되겠다.

● as, like : ~하듯이, ~대로, ~처럼

as와 like가 절을 이끌어 부사절 접속사로 쓰일 때 '~하듯이, ~처럼'과 같은 방식을 나타낼 수 있습니다.

As(Like) I said, we have to cancel the plan.

내가 말했듯이 우리는 이 계획을 취소해야 한다.

I will do just **as** you advise. 나는 당신이 조언한 대로 할 것입니다.

Emily behaved **like** she always did. 에밀리는 늘 그랬던 것처럼 행동했다.

unit 3. 대조, 양보/ 목적 부사절 접속사

● 대조, 양보의 부사절

although, though, even though

although, though, even though는 '~임에도 불구하고, '비록 ~이지만'이라는 뜻입니다. 이들 부사절 접속사는 '대조, 양보'를 나타내는데, 여기서 양보란 '의외성'을 나타낸다고 보면 이해가 쉽습니다.

Although she is almost 50, she still plans to study more.

비록 그녀는 거의 50살이지만, 여전히 더 공부할 계획을 세운다.

Though I was tired, I went to the party.　나는 피곤했지만 파티에 갔다.

Even though I didn't know anybody at the party, I had a nice time.

나는 그 파티에서 아무도 몰랐지만, 좋은 시간을 보냈다.

● 대조의 의미로 쓰이는 while과 when

시간 부사절 접속사로 소개한 while과 when을 대조의 의미로 쓸 수도 있습니다. 이때 while은 '~인 반면에', when은 '~임에도 불구하고'라는 의미를 가집니다.

while과 비슷한 성격으로 whereas가 있으며 뜻은 같습니다.

While it is possible to make a lot of money, it is also possible to lose money.

많은 돈을 벌 수 있는 반면에, 돈을 잃는 것 또한 가능하다.

Why didn't you tell me, **when** you knew about the truth?

진실을 알았는데도 왜 내게 말하지 않았어?

He likes to travel, **whereas** his wife prefers to stay home.

그의 아내는 집에 있는 걸 선호하는 반면에 그는 여행하는 것을 좋아한다.

● 목적 부사절 접속사 : so that, in order that

목적을 나타내는 부사절 접속사로 so that과 in order that이 있습니다. so that이 좀 더 일상적으로 쓰이며 in order that은 격식적인 표현에 사용됩니다.

so that 다음에 오는 부사절은 주절의 목적을 나타내는데, '~하기 위해' 혹은 '~할 수 있도록'이라는 의미를 가집니다. so that의 that은 생략 가능합니다.

I gave him some advice **so (that)** he could make better decision.

그가 더 나은 결정을 내리도록 나는 그에게 몇 가지 조언을 해주었다.

She is learning English **so (that)** she can live in England.

그는 영국에서 살기 위해 영어를 배우는 중이다.

 TIPS so that 부사절에는 조동사를 함께 쓰는 경우가 많습니다. 조동사 없이 단순 시제(현재, 과거)를 사용하면 객관적인 느낌이 강하기 때문에 그 반대의 뉘앙스, 즉 주관적이고 추측의 느낌을 주기 위해서입니다.

in order that으로 시작하는 부사절 역시 주절의 목적을 보여 줍니다. so that을 사용할 때보다 형식적인 느낌을 줍니다.

They met on Saturday **in order that** everybody should be free to attend.

모두가 참석하기 쉽도록 하기 위해 그들은 토요일에 만났다.

We left early **in order that** the house could be cleaned.

집을 청소할 수 있도록 우리는 일찍 떠났다.

● **so that의 부정 표현 : lest ~ should(~하지 않도록)**

부사절 접속사 so that의 부정 표현은 lest입니다. '~하지 않도록'이라는 뜻을 가지지요. lest가 이끄는 부사절에는 조동사 should도 함께 옵니다.

I locked the door **lest** the dog **should** escape.

나는 개가 도망치지 않도록 하기 위해 문을 잠갔다.

We studied hard **lest** we **should** fail.

우리는 떨어지지 않으려고 열심히 공부했다.

unit 4. 범위/ 정도, 결과 부사절

● 범위 부사절 접속사

as long as, so long as/ as far as/ in that

as long as와 so long as가 이끄는 부사절은 '~하기만 하면'이라는 뜻으로 범위를 한 정합니다. 이렇게 부사절의 범위 내에서 주절의 상황을 표현합니다.

> I don't care where you are from, what you did as long as you love me.
> 절 사랑하기만 하면 당신이 어디서 왔는지, 뭘 했는지는 상관없어요.
> It doesn't matter how slowly you go, so long as you do not stop.
> 멈추지만 않는다면 네가 얼마나 천천히 가는지는 중요하지 않아.

as far as는 as long as와 뜻이 비슷한데, '(다른 사람은 잘 모르겠고) 내 생각, 내 입장, 내가 ~하는 바로는'라는 뉘앙스가 강합니다.
As far as I know와 As far as I'm concerned라는 형태로 흔히 쓰이므로 이들 표현 을 그대로 외우는 게 좋습니다.

> As far as I know, he will join the army on this March.
> 내가 아는 바로는 그는 올해 3월에 입대할 것이다.
> As far as I'm concerned, you are the best driver.
> 내 생각에는 넌 최고로 운전을 잘해.

that 절 앞에는 전치사를 사용할 수 없지만, in that은 하나의 접속사로 사용되어 '~라 는 점에서'라는 뜻을 가집니다.

Men differ from animals **in that** they can think and speak.

인간은 생각하고 말할 수 있다는 점에서 동물과 다르다.

● **정도, 결과 부사절 접속사** : so ～ that/ such ～ that

'so + 형용사/부사 + that'과 'such + 명사 + that'은 어떤 일의 결과로 that 절의 내용이 일어나는 상황을 표현합니다. '너무 ~해서 (결과적으로) ~하다'라는 식으로 해석하면 됩니다.

James has worked **so** hard **that** he has to be promoted.

제임스는 너무 열심히 일해서 승진되어야만 한다.

This pizza is **so** delicious **that** I will have another one.

= This is **such** a delicious pizza **that** I will have another one.

이건 정말 맛있는 피자라서 나는 한 판 더 먹을 거야.

가정법 표현

If I had enough money, **I would have bought this house.**
내게 돈이 충분히 많으면 이 집을 샀을 텐데

가정법은 '(만약) ~하면, 했으면'이라는 식으로 어떤 일이나 사실에 반대되는 상황을 표현하는 어법입니다.

"내일 날씨가 좋으면 놀러 가야지.", "아버지가 부자였더라면……"처럼 우리말도 영어도 가정법이 흔하게 쓰입니다만, 현재를 나타내는데 과거 시제를 쓰는 등의 문제가 우리를 헷갈리게 합니다. 사실 우리말도 마찬가지이기는 합니다. 아버지가 현재 부자가 아닌데도 '부자였더라면'이라고 과거형을 쓰니까요.

가정법이 어렵게 느껴지는 이유는 '가정'의 개념부터가 머릿속에 제대로 자리 잡고 있지 않기 때문입니다.

unit 1. 현실성 있는 가정, 현실성 없는 가정

'가정'에는 두 가지 성격이 있습니다. 하나는 현실성이 있는 경우고, 다른 하나는 현실성이 전혀 없는 경우입니다.

현실성이 있는 가정이란 "내일 날씨가 좋으면 놀러 가야지." 같은 경우입니다. 내일 날씨에 따라 놀러 갈 수도 있고 안 갈 수도 있습니다. 즉 내일 날씨의 '조건'을 나타내는 가정입니다. 그에 비해 현실성 없는 가정이란 "어제 날씨가 좋았다면 놀러 갔을 텐데." 같은 경우입니다. 실제로는 어제 날씨가 좋지 않았지만, 좋았더라면 어땠을까 하는 화자의 '상상'을 나타내는 가정이지요. 지난일의 상상이니까 타임머신을 타지 않는 한 이루어질 현실성은 전혀 없습니다.

가정법은 문장 앞에 부사절 접속사 if를 사용하여 나타내는데, 먼저 '현실성 있는 가정'부터 알아보겠습니다.

unit 2. 현실적 가정법 현재와 과거

조건을 나타내는 '현실성 있는 가정'의 가정법 현재와 가정법 과거입니다.

가정법 현재라는 용어는 if 절에 현재 시제가 쓰였다는 의미입니다. 가정법 과거는 if 절에 과거 시제가 쓰이게 되고요.

● 현실적 가정법 현재 : if 절과 주절이 현재 시제

현실적 가정법 현재에서는 if 절과 주절의 동사에 현재 시제를 적용하여 현재나 미래에 발생할 가능성이 높은 '조건'을 나타냅니다.

A. If I drink coffee at night, I don't sleep at all.

밤에 커피를 마시면 나는 잠을 전혀 자지 못한다.

B. If she doesn't say anything, it means she's upset.

그녀가 아무 말도 하지 않으면 그건 화났단 뜻이야.

C. If water is heated to 100 degrees, it boils.

물이 100도까지 가열되면 끓는다.

이들 문장은 개인의 반복적인 습관, 혹은 일반적이고 객관적인 현상을 보여 줍니다.

A는 밤에 커피를 마시는 경우에 잠을 잘 자지 못하는 주어의 습관을 나타내지요. B는 그녀가 아무 말도 없는 상황일 때 화가 나있다는 결론으로 이어집니다. 그리고 C는 물을

275

100도까지 가열할 때 끓는다는 객관적인 현상을 표현합니다.

앞의 예문들은 부사절 접속사 if 대신 when을 사용해도 됩니다. 해당 조건이 주어지는 경우에 그로 인한 결과는 거의 일어나는, 객관적인 사실이기 때문입니다.

A. If I drink coffee at night, I don't sleep at all.

= **When** I drink coffee at night, I don't sleep at all.

B. If she doesn't say anything, it means she's upset.

= **When** she doesn't say anything, it means she's upset.

이번에는 주절에 be going to, will, can 같은 조동사, 반조동사가 오는 경우입니다.

if 절의 내용이 '그렇게 된다'라는 조건에서 주절의 상황이 발생할 가능성이 있다는 것을 나타냅니다.

If it rains tomorrow, we **are going to** stay home.

내일 비가 오면 우린 집에 있을 거야.

If you finish your job, you **can** go home.　　할 일을 끝내면 집에 가도 좋다.

이들 예문의 if 절에는 현재 시제가 쓰였는데, 의미하는 바는 미래의 일이지요? 원래 현재 시제에는 미래를 표현하는 기능이 있는데(40p 참고), 우리말에서도 '내일 비가 올 것이라면' 대신에 '내일 비가 오면'이라고 하는 것과 마찬가지입니다.

● 현실적 가정법 과거 : if 절이 과거 시제

다음으로는 현실적 가정법 과거 표현입니다. if 절이 현실성 있는 가정, 즉 '조건'을 나타내는 것은 현실적 가정법 현재와 마찬가지인데, 여기서는 과거 시제로 과거 사실에 대한 가정을 나타냅니다.

A. If he **was** born and raised in Seoul, he doesn't have a Busan accent.

   그가 서울에서 나고 자랐다면 부산 사투리를 가지지 않아.

B. I drank so much last night. If I **said** something strange to you, it will be very embarrassing.

   어젯밤에 술을 너무 많이 마셨어. 네게 이상한 소리를 했다면 진짜 창피하겠다.

위 문장의 if 절에는 모두 과거 시제가 쓰였습니다.

A는 그가 서울에서 나고 자랐다면(과거 사실에 대한 가정) 현재 부산 사투리를 갖지 않는다는 현실적 결론을 제시합니다. B 역시 전날 밤에 이상한 소리를 했다는 조건에서 나중에 창피할 것이라는 의견을 나타냅니다.

영문법 강의나 교재에서 흔히 '가정법 과거(과거 시제)는 현재 사실에 반대되는 상황을 나타낸다'라고 설명하고 여러분도 그렇게 배웠을 것입니다. 하지만 이는 '현실성 없는 가정'에서나 해당하는 규칙입니다. 앞의 예문처럼 과거 사실에 대한 가정을 통해서도 얼마든지 현실성 있는 결론을 이끌어낼 수 있습니다.

unit 3. 상상적 가정법 과거와 과거완료

현실성 있는 가정에 이어 이번에는 현실성 없는 가정, 즉 문장이 화자의 '상상'인 경우를 살펴볼 텐데, 이를 '상상적 가정법'이라고 부르겠습니다.

상상적 가정법의 if 절에는 가정법 과거나 과거완료 표현이 쓰이고, 주절에는 would + 동사 원형이 오는 경우와 would have V-ed가 오는 경우가 있습니다.

● **상상적 가정법 과거 1 : if 절은 과거 시제, 주절에는 would + 동사 원형**

if 절에는 과거 시제, 주절에는 조동사 would를 사용해 현재나 미래에 대한 상상적 결론을 이끌어내는 경우입니다.

A. If he **knew** how we are living, it **would** make him sick.

그가 우리의 형편을 안다면 가슴이 아플 거야.

B. If he **were** kind to me, I **wouldn't** be thinking of quitting.

그가 내게 친절하다면 내가 그만둘 생각을 하고 있지는 않겠지.

C. If my English teacher **didn't** stutter, we **would** understand him easily.

영어 선생님이 더듬지 않으면 우린 그를 쉽게 이해할 것이다.

A~C 예문의 if 절은 현재 사실과 상반되는, 혹은 가능성이 매우 낮은 미래에 대한 가정을 하며, 이어서 주절이 현재 혹은 미래에 대한 상상적 결론을 제시합니다. 현실성 없는 가정을 나타내야 하니까, 현실감을 떨어뜨리기 위해 if 절의 동사는 의도적으로 과거형을 사용합니다.

A 문장의 if 절은 실제로는 그가 현재 우리의 형편을 모른다는 의미이지요. 따라서 주절의 it would make him sick는 그가 우리의 형편을 안다는 상상을 기반으로 하는 결론입니다. 이것이 바로 '현실성 있는 가정'(조건)과 '현실성 없는 가정'(상상)의 핵심적인 차이입니다. B와 C 문장의 if 절 역시 '친절하다면', '말을 더듬지 않으면'이라는 현재의 상상을 기반으로 하고 있습니다.

● **상상적 가정법 과거 2** : if 절은 과거 시제, 주절에는 would have p.p.

이번에는 if 절이 현재에 대한 가정, 주절이 과거에 대한 가정을 하는 경우입니다. if절과 주절이 모두 상상을 기반으로 하는 가정이지요.

if 절은 현재에 반대되는 사실을 나타내니까 과거형을 써야 하고, 주절은 과거의 가정이니까 would에 선 시제 표시를 붙인 would have p.p.가 옵니다.

A. If I **had** enough money, I **would have bought** this house.

내게 돈이 충분히 많으면 이 집을 샀을 텐데.

B. If I **were** handsome, I **would have asked** her out.

내가 잘생겼으면 그녀에게 데이트를 신청했을 텐데.

A 문장은 현재 돈이 충분하지 않고 과거 시점에 그 집을 사지도 않았는데, 현재 돈이 많다는 if 절의 상상을 기반으로 과거에 집을 샀을 거라고 표현합니다.

B 문장 역시 현재 잘생기지 않았지만, 잘생겼다면 과거 시점에 데이트 신청을 했을 거라는 상상적 결론을 내고 있습니다.

● 상상적 가정법 과거완료 1 : if 절은 과거완료, 주절에는 would + 동사 원형

가정법 과거완료는 if 절이 과거 시점에 대해 가정하는 경우입니다. 이때도 주절은 현재에 대한 가정과 과거에 대한 가정이 있습니다.

먼저 if 절이 과거완료, 주절은 현재 시점에 대한 가정을 나타내는 경우입니다. 주절은 현재와 반대인 상상을 보여 주므로 would + 동사 원형을 사용합니다.

A. If I **had given** him the job, he **would** be making a lot of money.

내가 그에게 이 일을 맡겼으면 그는 많은 돈을 벌고 있을 거야.

B. If he **had been** in time, we **wouldn't** be waiting.

그가 제시간에 왔으면 우리는 지금 기다리고 있지는 않겠지.

두 문장의 if 절은 모두 과거 시점의 상상이므로 과거완료가 적용되었습니다.

A 문장은 과거에 일을 맡겼더라면 어땠을까, 라는 if 절의 상상을 기반으로 그가 현재 시점에 돈을 많이 벌고 있을 거라는 결론을 표현합니다. 물론 실제로는 일을 맡기지 않았고 현재 그는 그다지 못 벌고 있습니다. B 문장의 if 절 역시 상상을 기반으로 현재 우리가 기다리고 있지는 않을 거라는 결론을 보여 줍니다.

● **상상적 가정법 과거완료 2 : if 절은 과거완료, 주절에는 would have p.p.**

마지막으로, if 절과 주절이 모두 과거 시점에 대한 가정을 나타내는 경우를 보겠습니다. if 절이 과거의 가정이니까 과거완료가 와야 하고, 주절에는 조동사 would의 과거 표현 인 would have p.p.를 사용합니다.

> If I **had thought** of this first, I **would have made** a lot of money.
> 내가 이걸 먼저 생각했으면 많은 돈을 벌었을 거야.
> If she **had told** me her secret, none of it **would have happened**.
> 그녀가 내게 자신의 비밀을 말해 줬다면 아무 일도 일어나지 않았을 거야.

지금까지 다양한 상황의 가정법 표현에 대해 알아보았습니다. if 절에 현재 시제가 쓰이 기도 하고(현실성 있는 가정, 조건), if 절에 과거 시제가 쓰였는데 현재 사실에 대한 가정을 나 타내는 경우(현실성 없는 가정, 상상) 등이 있었지요.

이렇듯 가정법은 if 절의 현실성 여부, 그리고 if 절과 주절의 시점에 따라 표현이 달라진 다는 점을 잘 이해하기 바랍니다.

unit 4. I wish/ as if 가정법

● **I wish 주어 + 동사 과거형**

'I wish 주어 + 동사 과거형'을 통해 가정 표현을 할 수 있습니다. 이 문형은 현재에 대한 이루어질 수 없는 소망을 표현합니다.

> **I wish I could** tell you how I feel about you.
> 너에 대한 내 감정을 말할 수 있으면 좋을 텐데.
> **I wish you were** in this room with me.

네가 나와 같이 이 방에 있으면 좋을 텐데.

I wish we had more time.   우리에게 더 많은 시간이 있으면 좋을 텐데.

세 문장은 모두 현재 상황과 반대되는 소망을 하는 경우입니다. if를 사용한 가정법과 마찬가지로 동사의 과거형을 써서 현재와는 다른 상상을 표현하는 거지요.
그중에 첫 번째 문장은 조동사 could를 사용해 '~할 수 있으면'이라는 주어의 소망을 나타내고 있습니다.

● **I wish 주어 + had p.p.**
'I wish 주어 + had p.p.'는 과거에 대한 이루어질 수 없는 소망, 아쉬움을 나타냅니다. 과거에 대한 소망이므로 동사 자리에 과거완료 형태가 쓰입니다.

I wish I had never taken this stupid job.
이런 바보 같은 일을 맡지 말았어야 했어요.
I wish the ring had never come to me.
이 반지가 내게 오지 않았더라면 좋았을 텐데.

이들 문장은 과거 일에 대한 아쉬움을 상상적 가정을 통해 나타내고 있습니다. 실제로는 과거 시점에 바보 같은 일을 맡았고, 반지 또한 주어에게 왔습니다.

● **as if 주어 + 동사 : 마치 ~인 것처럼**
'as if 주어 + 동사'를 통해 가정 표현을 할 수 있습니다.
그런데, '마치 ~인 것처럼'이라는 표현에는 두 가지 경우가 가능합니다. 하나는 상대의 진짜 정체를 모르는 경우이고, 다른 하나는 상대의 정체를 아는 경우입니다.
아래 두 문장은 우리말 번역이 같지만, 속뜻에는 차이가 있습니다.

A. He talks **as if** he **is** a teacher. ← **그가 선생님인지 모르는 경우**

그는 마치 선생님인 것처럼 말한다.

B. He talks **as if** he **were** a teacher. ← **그가 선생님이 아닌 경우**

그는 마치 선생님인 것처럼 말한다.

A에는 as if의 동사가 is, B에는 were로 표현되었습니다.

as if 뒤의 동사가 he에 맞게 쓰인 A 문장은 주어인 그가 선생님인지 아닌지 모르는 경우의 표현입니다. 반면에 as if 뒤의 동사가 주어와 상관없이 were가 쓰인 B는 실제로는 선생님이 아니지만, 마치 선생님인 것처럼 말하는 경우에 사용합니다.

● as if 주어 + 과거형 동사/ had p.p

as if 뒤의 동사를 한 시제 당겨 과거의 일을 나타낼 수도 있습니다. 상대가 누구인지를 알고 모르고는 앞의 경우와 같습니다.

C. He talks **as if** he **was** a teacher. ← **선생님이었는지 모르는 경우**

그는 마치 선생님이었던 것처럼 말한다.

D. He talks **as if** he **had been** a teacher. ← **선생님이 아니었던 경우**

그는 마치 선생님이었던 것처럼 말한다.

이들 문장은 '그가 과거에 선생님이었던 것처럼' 말한다며 현재 시점에서 바라보는 표현입니다.

C는 과거에 그가 선생님이었는지 아닌지 모르는 경우이고, D는 과거에 선생님이 아니었는데 현재 그렇게 말한다는 의미입니다.

이번에는 주절의 시점을 과거로 옮긴 경우와(E와 F), 과거 시점에서 이전의 그에 대해 말하는 경우(G)를 보겠습니다. 다소 헷갈릴 수 있을 텐데, 처음 A와 B 문장에서 주절에 as if 절의 시제를 맞추거나 주어에 상관없이 were를 쓰는 경우, 또는 한 시제 당기는 것으로 이해하면 됩니다.

E. He talked **as if** he **was** a teacher. ← **과거 시점에, 선생님인지 모르는 경우**

그는 마치 선생님인 것처럼 말했다.

F. He talked **as if** he **were** a teacher. ← **과거 시점에, 선생님이 아닌 경우**

그는 마치 선생님인 것처럼 말했다.

G. He talked **as if** he **had been** a teacher.

그는 마치 예전에 선생님인 것처럼 말했다.

G는 과거 시점의 표현인데, 그 이전에 그가 선생님이었는지를 모르는 경우와 아는 경우의 구분은 없습니다.

unit 5. 가정을 나타내는 다양한 표현들

지금까지 if 절을 통해 가정하는 방법을 다양하게 알아봤습니다만, 부사절 접속사 if를 사용하지 않고도 가정을 나타낼 수 있습니다.

● **In case 주어 + 동사 : ~할 경우를 대비하여**

'~할 경우를 대비하여'라는 뜻으로 미래의 어떤 상황을 가정하는 표현입니다.

I won't go to work by car **in case it snows**.

눈이 올 경우를 대비하여 나는 차로 출근하지 않을 것이다.

My mother makes some cookies for me **in case I am hungry**.

내가 나중에 배고플까봐 엄마는 쿠키를 조금 만들어 놓는다.

● Given that 주어 + 동사 : ~라고 가정하면/ ~를 고려하면

'Given that 주어 + 동사'는 두 가지 의미로 사용됩니다.

1. ~라고 가정하면, ~가 주어진다면

2. '~를 고려하면'이란 뜻으로 considering that과 같습니다.

A. **Given that** A=B, and B=C, then A must equal C.

A=B이고 B=C라고 가정하면, A는 반드시 C와 같다.

B. **Given that**(considering that) she is over 90, she is healthy.

그녀가 90살이 넘은 걸 고려하면 그녀는 건강하다.

● Suppose/ Supposing (that) 주어 + 동사 : ~라고 가정하면

Provided/ Providing (that) 주어 + 동사 : ~라고 가정하면

이 두 문형은 '~라고 가정하면'이라는 뜻을 가집니다. that은 생략할 수 있고, Providing보다 Provided가 더욱 흔히 쓰입니다.

Suppose/Supposing (that) you lost your job, what would you do?

일을 잃게 된다면 너는 뭐할 거야?

You can borrow my car **provided** (that) you return it by 10.

네가 10시까지 돌려준다면 내 차를 빌려줄게.

● unless : ~하지 않는다면

unless는 '~하지 않는다면'의 뜻을 가지는 부사절 접속사입니다. if 절에 부정어 not을 써서 표현한 것과 비슷합니다.

I can't help you **unless** you tell me what's wrong.

무엇이 잘못됐는지 말하지 않으면 나는 너를 도울 수 없어.

284

Unless the teacher explains, the students can't understand it.

선생님이 설명하지 않으면 학생들은 이해할 수 없다.

● It is time 주어 + 과거형 동사 : ~했을 시간이다

말하는 시점에 동작이나 상황이 끝났어야 하는데, 아직 실현되지 않은 경우에 쓸 수 있는 표현입니다.

It is time you **went** home.

너는 집에 갔을 시간이다.(왜 여태 밖이야?)

It is time you **finished** your work.

너는 일을 끝냈을 시간이다.(왜 아직도 마무리하지 않았어?)

자주 쓰는 전치사 정리

We danced to music. **우리는 음악에 맞춰 춤췄다**

전치사는 명사 앞에서 자신의 앞뒤로 놓이는 말의 관계를 나타냅니다. 명사 '전에 놓였다고' 해서 전치사인 거지요.

전치사 앞에 오는 말이 선행사, 뒤에 있는 말이 전치사의 목적어입니다. 전치사의 선행사는 동사, 명사, 형용사, 또는 문장 전체가 됩니다.

 TIPS '전치사의 목적어'와 관련해 동사만 목적어를 가지는 게 아닌가?, 라고 생각할지 모르겠는데, 목적어란 대상이 되는 말이지요. 전치사의 대상이 되는 말로서 목적어 역할을 하는 것입니다.

I saw her on Friday.　　나는 그녀를 금요일에 봤어.

이 문장의 전치사는 on입니다. on의 선행사는 동사 saw이고, on 뒤의 Friday가 전치사의 목적어입니다. 즉, 동사 saw와 전치사의 목적어 Friday를 on이 연결해 하나의 의미를 만들게 됩니다.

이 문장에 쓰인 전치사 on은 시간을 나타내며, On Friday로 부사 역할을 합니다.

전치사의 선행사로는 동사 말고도 다양하게 올 수 있습니다. 어떤 성분이 선행사로 오는지를 하나씩 보겠습니다.

A. Would you like to see a movie? / Sorry, I am not **in the mood**.

영화 보러 갈래? / 미안, 나 그럴 기분 아니야.

B. Did you see a bottle **in the box**?　　　상자 안에 있는 병을 봤어?

C. Most people are afraid **of sharks**.　　　대부분의 사람은 상어를 무서워한다.

D. He betrayed us **to our amazement**.　　　그는 놀랍게도 우리를 배신했다.

전치사의 선행사로 A에서는 be 동사 am, B에서는 명사 a bottle, C에서는 형용사 afraid, D에서는 앞 문장 He betrayed us가 왔습니다.

이렇듯 전치사는 동사, 명사, 형용사, 문장 전체를 선행사로 삼아 뒤에 명사를 붙여 일련의 의미를 나타냅니다.

unit 1. 전치사는 그 이미지를 이해한다

영어 전치사는 숫자가 많은데다가, 뜻을 외워도 쓰임새가 헷갈리는 경우가 적지 않습니다. at과 in의 의미는 알겠는데, at the street로 해야 할지 in the street로 해야 할지 갈피를 못 잡는 식이지요.

그래서 전치사는 그 느낌, 즉 이미지를 이해하는 게 중요합니다. 예를 들어 across라는 전치사는 '~를 가로지르는 이미지'로 이해합니다.

This bridge is **across** the river.　　　이 다리는 강을 가로지른다.

이 문장은 across의 이미지를 가장 직관적으로 알 수 있는 예문에 속합니다. 한강을 가로지르는 대교를 떠올리면 됩니다.

마찬가지로, 다음 예문에서 across가 쓰인 이유를 생각해 보기 바랍니다.

A smile spread **across** her face.   그녀의 얼굴에 미소가 활짝 폈다.

미소가 얼굴 전체를 가로지르며 퍼지는 느낌이지요? 그 모습을 우리말 번역에서는 '미소가 활짝 폈다'라고 했습니다.

I **came across** my ex-girlfriend.   나는 길에서 전 여자 친구를 우연히 만났다.

학창 시절에 'come across : ~를 우연히 마주치다'라고 열심히 외웠을 숙어 표현입니다. 그런데, across의 이미지를 이해하면 전치사가 포함된 숙어를 굳이 억지로 외우지 않아도 됩니다. 나와 전 여자 친구가 각자의 길을 가다가 서로를 딱 가로지르는(across) 상황이므로, 당연히 '우연히 마주치는' 게 되는 것이지요.
across가 쭉 가로지르는 이미지이니까, '전역에'라는 뜻으로도 쓰일 수 있습니다.

K-drama is popular **across** Southeast Asia.
한국 드라마는 동남아시아 전역에 인기가 있다.

unit 2. 자주 쓰이는 전치사 정리

자주 쓰이는 전치사를 간략한 이미지와 함께 예문을 통해 알아보겠습니다. 선행사를 A, 전치사의 목적어를 B라고 하여 'A 전치사 B' 구조로 설명하겠습니다.

A above B : A가 B보다 위치나 수치, 수준이 더 높을 때

Let's hang this frame above the door.   이 액자를 문 위에 걸자.

My grade is above hers.   내 점수가 그녀보다 높다.

A about B : B를 중심으로 A가 주변에 흩어지는 느낌

흔히 '~에 대해'로 알고 있는 about입니다. 이 뜻이 없는 건 아니지만, 좀 더 근본적인 이미지는 A가 about의 목적어 주변으로 흩어지는 느낌입니다.

People gathered about the restaurant.   사람들이 그 식당 주변으로 모였다.

I am worried about her.   나는 그녀가 걱정된다.

A after B : A가 B를 따라가는 느낌

after의 본질적인 이미지는 '쫓아가는' 것입니다. 그래서 A after B에서 B의 상황이 시간상 먼저 발생하는데, 이것이 '~후에'라는 표현으로 이어집니다.

The police are running after the thief.   경찰들이 도둑을 쫓아 뛰어가고 있다.

My mother looks after her nephew.   엄마가 조카를 돌본다.

A against B : A가 B에 맞서는 느낌

I was running against the wind.   나는 바람을 거슬러 달리는 중이었다.

She is against having a baby.   그녀는 아기를 가지는 것에 반대한다.

A along B : A가 B를 나란히 따라가는 느낌

Roses are planted along the garden.   장미가 정원을 따라 심어져 있다.

The couple walked along the beach.   그 커플은 해변을 따라 걸었다.

A around B : A가 B 주위를 도는 이미지

The family sat around the table.   그 가족은 식탁 주위에 둘러앉았다.

His house is around the corner.   그의 집은 모퉁이를 돌면 있다.

A at B : B를 점으로 표현하여 A가 B 쪽으로 가는 느낌

Everybody was crying at her funeral.　　모두가 그녀의 장례식장에서 울고 있었다.

This project is at the early stage.　　이 프로젝트는 초기 단계에 있다.

A before B : A가 B 앞에 있는 느낌

Wash your hands before the meal.　　밥 먹기 전에 손 씻어라.

She kissed him before my eyes.　　그녀는 내가 보는 앞에서 그와 키스했다.

A by B : A가 B의 영향권에 있는 느낌

by를 통해 '~의 근처', '수단', '행위자'를 나타낼 수 있습니다. 모두 어떤 대상의 영향을 받거나 그 영향권 내에 있는 것이지요.

My puppy is lying by me.　　강아지가 내 옆에 누워 있다.

He learns English by watching Youtube.　　그는 유튜브를 보면서 영어를 배운다.

A snowman was built by Elsa.　　눈사람은 엘사에 의해 만들어졌다.

A behind B : (공간적, 사회적, 추상적으로) A가 B 뒤에 있는 느낌

The sun went behind the clouds.　　해가 구름 뒤로 사라졌다.

He wondered what was behind her smile.

그는 그녀의 웃음 뒤에 뭐가 있는지 궁금했다.

A below B : A가 B 아래에 있다

He has a wound below the right shoulder.

그는 오른쪽 어깨 아래에 상처가 있다.

The result was below what we expected.

그 결과는 우리가 예상한 것보다 낮았다.

A between B : B라는 대상 사이에 A가 있다

There is little communication between mother and son.

엄마와 아들 사이에 대화가 거의 없다.

The patient shouldn't eat between meals.

그 환자는 식사 중간에 간식을 먹으면 안 된다.

A beyond B : A가 B 너머에 있다

Our house is just beyond the bridge.   우리 집은 이 다리 바로 너머에 있어.

Some people want to work beyond the retirement age.

어떤 사람들은 정년을 넘어서도 일하고 싶어 한다.

A down B : A가 B 아래로 가는 이미지

He fell down the stairs.   그는 계단에서 넘어졌다.

A worker climbed down the ladder.   한 일꾼이 사다리를 타고 내려왔다.

A for B : A가 B 쪽으로 가는 느낌

I paid 50,000 won for these shoes.   나는 이 신발을 5만원 주고 샀다.

We are for this proposal.   우리는 이 제안에 찬성한다.

We are going to throw a party for her retirement.

우리는 그녀의 은퇴를 축하하는 파티를 열 거야.

5만원이 신발 쪽으로 가는 것이고, 우리가 제안 쪽으로 가니까 '찬성한다'라는 뉘앙스를 가집니다. 마지막 문장처럼, 이유나 원인을 나타낼 때도 for를 사용합니다.

A from B : A가 B로부터 나온다는 느낌

I caught a cold from my father.   나는 아빠한테 감기가 옮았다.

He must be rich from the way he dresses.

그의 옷차림을 보니 부자임에 틀림없다.

A in B : A가 B라는 영역 안에 있는 느낌

He studies in the library.   그는 도서관에서 공부한다.

I arrived in his car.   난 그의 차를 타고 도착했다.

You look nice in red.   너는 빨간색이 잘 어울려.

A into B : A가 B라는 영역으로 들어가는 느낌

As soon as we arrived at the beach, we dived into the sea.

우리는 해변에 도착하자마자, 바다에 뛰어들었다.

The baby fell into a deep sleep.   그 아기는 깊은 잠에 빠졌다.

A of B : A가 B라는 뗄 수 없는 대상에 속해 있는 관계

The last scene of the movie was so sad.   그 영화의 마지막 장면은 너무 슬펐다.

She is fond of swimming.   그녀는 수영하는 걸 좋아한다.

A off B : A가 B에서 완전히 분리된 느낌

The bus fell off the bridge.   그 버스는 다리에서 떨어졌다.

The ship sank 10km off the coast.

그 배는 해안에서 10km 떨어진 곳에 가라앉았다.

A on B : A가 B에 딱 붙어 있는 느낌

He carved his name on the wall.   그는 벽에 자신의 이름을 새겼다.

He depends on me so much.   그는 내게 너무 많이 의존한다.

depend on은 어떤 대상에 의존한다는 의미로, 그에 '붙어 있는' 상태를 나타냅니다.

A out B : A가 B라는 영역에서 나오는 이미지

Get out the car!　　　　　　　　차에서 나와!

She looked out the window.　　그는 창문 밖을 바라보았다.

A over B : A가 B 위에서 감싸는 느낌

She held the umbrella over me.　　그녀가 내게 우산을 씌워 주었다.

He has great power over his followers.

그는 자신의 추종자들에 대해 엄청난 힘을 가진다.

A through B : A가 B를 꿰뚫는 느낌

A limousine passed through the crowd.　　리무진 한 대가 군중을 뚫고 지나갔다.

The cold weather continued through the spring.

추운 날씨가 봄철 내내 이어졌다.

People take a class through Zoom these days.

사람들은 요즘 줌으로 수업을 듣는다.

A to B : A가 B 쪽으로 향하는 느낌

Pay attention to the class.　　　　수업에 집중해라.

Mother sang her baby to sleep.　　엄마가 노래를 불러 아기를 잠들게 했다.

We danced to music.　　　　　　우리는 음악에 맞춰 춤췄다.

전치사 to를 '~로, ~에게'로만 알고 있으면 두 번째와 세 번째처럼 해석이 어색해지는 문장이 있습니다. 그렇지 않고, 노래를 불러 아기를 잠드는 쪽으로 향하게 한다는 식으로 이해하면 해석이 자연스러워집니다. 춤추는 행위가 노래 쪽으로 간다는 것은

'노래에 맞춰 춤추다'라는 의미로 이어지고요.

A under B : A가 B 아래에 있거나, 아래에서 영향을 받는 느낌

She hid the letter under the bed.　　그녀는 침대 밑에 편지를 숨겼다.

We have been working under difficulties.

우리는 어려움 속에서 일하고 있다.

A up B : A가 낮은 곳에서 높은 B 쪽으로 올라가는 느낌

He walked slowly up the hill.　　　그는 천천히 산 위로 걸었다.

He climbed up a tree to see a view.　　그는 경치를 보려고 나무 위로 올라갔다.

A with B : A와 B가 함께 있는 느낌

What will you do with the money?　　그 돈으로 뭐할 거야?

The dog is trembling with fear.　　　그 개는 두려움에 떨고 있다.

■ ⟨Review Test⟩ 정답

REVIEW TEST 01

1. contact to → contact **2.** resembled to → resembled **3.** discussed about → discussed **4.** to → for **5.** to → of **6.** He will make a good father. **7.** He stays late at work these days. **8.** I bought her a beautiful ring. **9.** She lent her bike to me. **10.** You will find him a good worker.

REVIEW TEST 02

1. works out **2.** improved **3.** had finished **4.** have been married **5.** have you been doing **6.** was watching **7.** texting **8.** have been **9.** had never seen **10.** will have gotten

REVIEW TEST 03

1. can **2.** would **3.** must **4.** should **5.** had to **6.** must **7.** would **8.** could **9.** might, can **10.** had better

REVIEW TEST 04

1. was disappointed **2.** is being built **3.** was bitten **4.** was seen **5.** was given **6.** with **7.** about **8.** by **9.** at **10.** to

REVIEW TEST 05

1. boring, bored **2.** embarrassed **3.** walking **4.** kissing **5.** excited **6.** waiting **7.** broken **8.** living **9.** opened **10.** wearing

REVIEW TEST 06

1. How **2.** Which **3.** what **4.** where **5.** where **6.** that **7.** how **8.** whether **9.** what **10.** why

REVIEW TEST 07

1. to make **2.** to go **3.** to buy, to buy **4.** telling **5.** do/to do **6.** breaking **7.** Could you stop bothering me? **8.** Seeing you gives me great joy. **9.** I don't know why I keep dreaming about her. **10.** You will answer to the boss for missing the meeting.

REVIEW TEST 08

1. who **2.** which/that **3.** why **4.** where **5.** that **6.** whose **7.** that **8.** who **9.** where **10.** when

REVIEW TEST 09

1. to bring **2.** for you **3.** crying **4.** to quit **5.** singing **6.** to see **7.** cooking **8.** written **9.** Annoyed **10.** listening

다시 영어를 시작하려는 당신에게 꼭 필요한 영문법 수업

중학교 3년의 영어를
한 권으로 끝내는 책

초판 1쇄 발행일 | 2021년 11월 15일

지은이 | 홍재영
펴낸이 | 이우희
펴낸곳 | 도서출판 좋은날들
디자인 | 宇珍(woojin)

출판등록 | 제2011-000196호
등록일자 | 2010년 9월 9일
일원화공급처 | (주) 북새통
(03938) 서울시 마포구 월드컵로36길 18 902호
전화 | 02-338-0117 · 팩스 | 02-338-7160
이메일 | igooddays@naver.com

copyright ⓒ 홍재영, 2021
ISBN 978-89-98625-44-3 13740